# 忖度なしの栄養学

科学的根拠に基づいた
「ボディメイク×ニュートリション」の
新バイブル

著 NEXTFIT Kento

ベースボール・マガジン社

# 忖度なしの栄養学

目次

CHAPTER 5
# ここで差が出る筋肥大の応用知識

# はじめに

私がYouTubeチャンネルをスタートさせた2017年当時、栄養学に関するネット上のコンテンツの大半は、発信者の経験則から語られる解説で溢れていました。私自身もそんなコンテンツの一視聴者であり、著名なフィットネスインフルエンサーが発信する情報を常に追いかけていました。

しかしながら、もともと理工学部出身だった私は、情報発信者として、また栄養指導者・トレーナーとして、経験則と同等もしくはそれ以上に重要なのは科学的根拠に基づく統計データなのではないかと考えるようになりました。

様々な情報がある中で一体どれが最適解なのかという疑問を解き明かしてくれる、深い考察やエビデンスに特化した解説は当時、ほとんどありませんでした。ならば、自分で開設するしかありません。毎日日課として読んでいた栄養学や生理学の論文のアウトプットを兼ねて、2017年6月20日にYouTubeに動画のアップを始めたのが、現在の私のチャンネル「NEXTFIT Kento【身体を変える栄養学】」です。

PR案件が乱立し、本当に正しい情報が見えにくいSNS上でも多くの方々に信頼できる情報をお届けできるよう、特定の企業やメーカーからの広告案件は受けず、利害関係者が介入しない形で、あくまでもエビデンスをベースとした解説をすることを心がけてきました。その結果、4年間で累計再生回数は2200万回を超え、「ボディメイク×栄養学」のジャンルでは、国内で一番多く再生していただけるチャンネルにまで成長しました。この姿勢は今後も絶対に変わることはありません。

そうした私の栄養指導者としての7年間の活動の一つの節目、集大成として、このような書籍を上梓する運びとなりました。1次情報に裏づけられた科学的根拠をベースとしつつも、理論と実践の乖離を埋めることにも努めました。ボディメイクの最前線で活躍している桑原弘樹さん（グリコパワープロダクション創業者）、木澤大祐選手（日本ボディビル選手権ファイナリスト）、寺島遼選手（メンズフィジーク世界王者）、MIHARU選手（日本人初のIFBB BIKINI PRO）、コアラ小嵐さん（東京ノービスボディビル選手権優勝者）といった、各ジャンルのスペシャリストの方々にご協力いただき、理論と実践の両輪から課題を解決できる一冊に仕上がっています。

情報過多の時代だからこそ求められる基本的な知識を忖度なしでここにまとめました。「ボディメイク×栄養学」の基礎を理解するためのバイブルとして、一人でも多くの人の手に届くことを祈ります。

デザイン
吉名 昌（はんぺんデザイン）
間野 成（株式会社間野デザイン）
編集協力
藤本 かずまさ（株式会社プッシュアップ）
中谷 希帆

CHAPTER 1

# 科学的なダイエットストラテジー

SECTION 01

# 絶対に押さえておくべきカロリーの原則

関連動画はこちらから

## カロリー収支と体重の関係

近年、SNSを中心としてフィットネスブームに火がついたことで、ダイエットや筋肥大といった〝ボディメイク〟はスポーツ選手やトレーニング愛好家の方たちだけでなく、一般の方々にとっても身近なトピックとなりました。リモートワークが進んだことで働き方が大きく変化。運動不足による肥満がより深刻化し、ダイエットが社会的な関心事になりました。

痩せるにはこれを食べればいい、こういう運動がいい、あるいは筋肉をつけたいならこれを摂るべきといった広告や情報が、ネットやテレビなどの多くのメディアに溢れています。いまでは騙される方は少なくなったかもしれませんが、「○○だけ食べるダイエット」といった類の話は、いつの時代にも存在したものです。

確かに、減量したいときに積極的に摂りたい栄養素や、筋肉で身体を大きくしたいときに食べるべき食材といったものは、あるにはあります。しかし、口に入れる食材に限らず、絶対に押さえておかなくてはならない基本的な大原則というものがあるのです。

それが「カロリーの原則」です。食品の成分表を見ると「熱量」とか「kcal」と書かれているあれです。その言葉自体は知っていても、意味がよく分からないという方が多いかもしれません。簡単に言えば、「カロリー」とはエネルギーの単位で、1ℓの水の温度を1℃上昇させるのに必要なエネルギーが「1kcal」になります。

そして、そのエネルギーを使って私たちは生きています。エネルギーの使われ方、いわゆる「消費カロリー」には次の3つがあります。

基礎代謝：約60％（体温維持、臓器を動かすなど、寝ていても消費されるカロリー）
活動代謝：約30％（日常生活の中で、運動によって消費されるカロリー）
食事誘発性熱産生：約10％（食べたものを消化する過程で発生する消費カロリー）
基礎代謝 ＋ 活動代謝 ＋ 食事誘発性熱産生 ＝ 総消費カロリー

※数字は人によって個体差があります（参考文献①）

この中で特によく耳にするのが「基礎代謝」だと思います。これは何もしなくても（ただ寝ているだけでも）消費されるカロリーで、人が消費する総カロリーのおよそ60％ほどを占めると言われています。摂取したカロリーの半分以上は基礎代謝として消費され、一日の総消費カロリーのベースとなります。ダイエットの広告などで「基礎代謝を上げよう！」などとよく言われているのはそのためです。

そして「活動代謝」。これは身体を動かすことによって消費されるカロリーで、総消費カロリーのおよそ30％ほどを占めています。駅まで歩いて、階段を上って、ジムに行って運動してなど、身体を動かす場面が増えると、活動代謝は増えます。逆に、２０２０年の自粛期間中のように、活動の機会を奪われると、活動代謝は減ります。

意外とバカにできないのが「食事誘発性熱産生」です。Diet Induced Thermogenesisの頭文字を取って「ＤＩＴ」とも呼ばれます。これは食べたものを消化する際に発生する消費カロリーで、総消費カロリーの10％ほどを占めます。特にタンパク質を摂った際にＤＩＴとして消費されるカロリーが多く、消化の過程を経ずに吸収されるアミノ酸よりも、肉類や卵などの固形のタンパク源のほうが、ＤＩＴによって消費されるカロリーという面で減量には向いていると言えるでしょう。

原則として、消費しているカロリーに対してオーバーカロリー（摂取カロリー＞消費カロリー）の食事を続ければ体重は増え、アンダーカロリー（摂取カロリー＜消費カロリー）の食事を続ければ体重は減る傾向にあります。つまりは、身体づくりにおけるカロリーの原則は次のようになります。

減量したい＝摂取カロリー＜消費カロリー

### 筋肉をつけたい＝摂取カロリー＞消費カロリー

「これを食べれば痩せる」、「脂が少なくヘルシー」と言われているものを食べても、オーバーカロリーの状態が続けば、体重は増えます。「これを飲めば筋肉がついて身体が大きくなる」というサプリメントを摂っても、アンダーカロリーの状態が続けば、身体が大きくなるどころか体重は減ります。

要するに、減量するときも筋肉をつけるときも、身体に取り入れたカロリーと消費したカロリーの差し引きを考える必要があります。そのためには、どのような栄養素にどれだけのカロリーがあるのかを基礎知識として頭にインプットしておいたほうがいいでしょう。

## マクロ栄養素のカロリーと特徴

「3大栄養素」、「5大栄養素」という言葉を聞いたことがあると思います。「3大栄養素」とはタンパク質、脂質、炭水化物を指します。身体にとって必要とされる量が多いため、「マクロ栄養素（多量栄養素）」とも言われます。これにビタミンとミネラルを加えた5つを「5大栄養素」と呼びます。ビタミン、ミネラルは、例えば「一日に100gは摂らなければならない」ということはなく、必要量が少ないため、「ミクロ栄養素（微量栄養素）」と言われます。

では、なぜタンパク質、脂質、炭水化物が重要なのか、その回答として「この3つにはカロリーがあるから」との解説がよく用いられます。カロリーがある、すなわち、人が活動するためのエネルギーになる栄養素、身体を動かすために不可欠な栄養素であるのがこの3つになります。

食事管理などを進めていく上で「PFCバランス」という考え方があります。これは、食事におけるP（Protein＝タンパク質）、F（Fat＝脂質）、C（Carbohydrate＝炭水化物）の割合のことです。例えば一日の食事で2000kcalを摂る場合、あらかじめ決めたPFCバランスを参考に、タンパク質、脂質、炭水化物の量を割り出していきます。健康の維持を目的とする一般の人に理想的なPFCのバランスは次のようにされています。

・タンパク質 13～20％
・脂質 20～30％
・炭水化物 50～65％

（日本人の食事摂取基準 2015年版より）

脂質を減らしながらアンダーカロリーをつくり、負担を最小限に抑えて落としていく減量の場合、参考になるPFCバランス（後述）を目安に設定すると、効率のいい減量が期待できるでしょう。とはいえ、PFCバランスの異なる4つのグループに811人を割り振り、体重減少にどれだけ違いがあるのかを観察した研究（参考文献②）によると、4タイプのどのPFCバランスでも結果にあまり違いはなかった、と報告されているので、細かいPFCバランスの調整よりも、アンダーカロリーの実践のほうが減量の進捗に与える影響は大きいと言えるでしょう。

そのPFCバランスを考える上で絶対に押さえなければいけないのが、マクロ栄養素のカロリーです。

- タンパク質1g＝4kcal
- 脂質1g＝9kcal
- 炭水化物1g＝4kcal

口から入れた栄養素は、その全てがすぐにエネルギーになるわけではありません。体内にいったん蓄えられ、必要に応じてエネルギーとして使われていきます。そのメカニズムは後述しますが、ここではざっくりとしたイメージをお伝えします。タンパク質は筋肉、骨、爪、髪の毛など、身体をつくる材料にもなります。ですから、あまり身体を動かすエネルギーとして消費しやすくはありません。

残る脂質と炭水化物ですが、これらは消化・吸収の過程を経て、一部が体脂肪やグリコーゲンという形で体内に貯蔵されます。グリコーゲンとは、体内に入った糖がブドウ糖に分解され、水と結びついた形で筋肉や肝臓に蓄えられたものです。エネルギーとして使われやすいものは、体脂肪とグリコーゲン、主にこの2つになります。

ランニングしたりバイクを漕いだりといった有酸素運動では、体脂肪由来のエネルギーが中心として使われます。ウエイトトレーニング、またはダッシュやジャンプなどの爆発的な動作を行うときは、グリコーゲンの利用割合が高まります。これらは俗に無酸素運動と言われるものです。日常生活で言うと、駅までテクテクと歩くときは主に体脂肪の利用割合が高く、駅に到着して階段をダッシュで上るとグリコーゲンの利用割合が高まります。

そうしたことを押さえた上で、具体的な摂取量と基礎的なカロリーの計算方法を紹介します。ここはよく間違えられやすいところなのですが、まず理解していただきたいのが、次の点です。

脂質≠体脂肪≠1gにつき9kcal

脂質が1gあたり9kcalだから体脂肪も1gあたり9kcalと考えられやすいのですが、実はそうではありません。体脂肪は8割ほどが脂質でできており、残りの2割ほどはほとんど水分。ですから、脂質＝体脂肪、というわけではないのです。

体脂肪1kgを落とすには、約7200〜7700kcalを消費することが必要です。なぜ500kcalもの幅があるかと言えば、体脂肪の脂質割合によって数字に変動があるためです※。

例えば一日に2500kcalを消費する人がいたとします。ダイエットをするために一日の摂取カロリーを2000kcalに設定したら、一日で500kcal、1カ月で約15000kcalのマイナスになります。体脂肪1kgを燃やすのに約7200〜7700kcalが必要だと仮定すると、理論上は1カ月で約2kg、3カ月間続けると約6kgの体脂肪減少が期待できます。体脂肪を落としたいときはアンダーカロリーの状態にする、これがまずは鉄則になります（P18図1）。

## 危険なカロリー制限

関連動画はこちらから

アンダーカロリーの状態にしたいとしても、やみくもに摂取カロリーをカットすればいいというわけではありません。「痩せそうだから」と軽い気持ちで取り組むと大

※一般的な体脂肪の脂質割合は80%と言われているが、人や部位によって80～87%のレンジで変動があるとされる

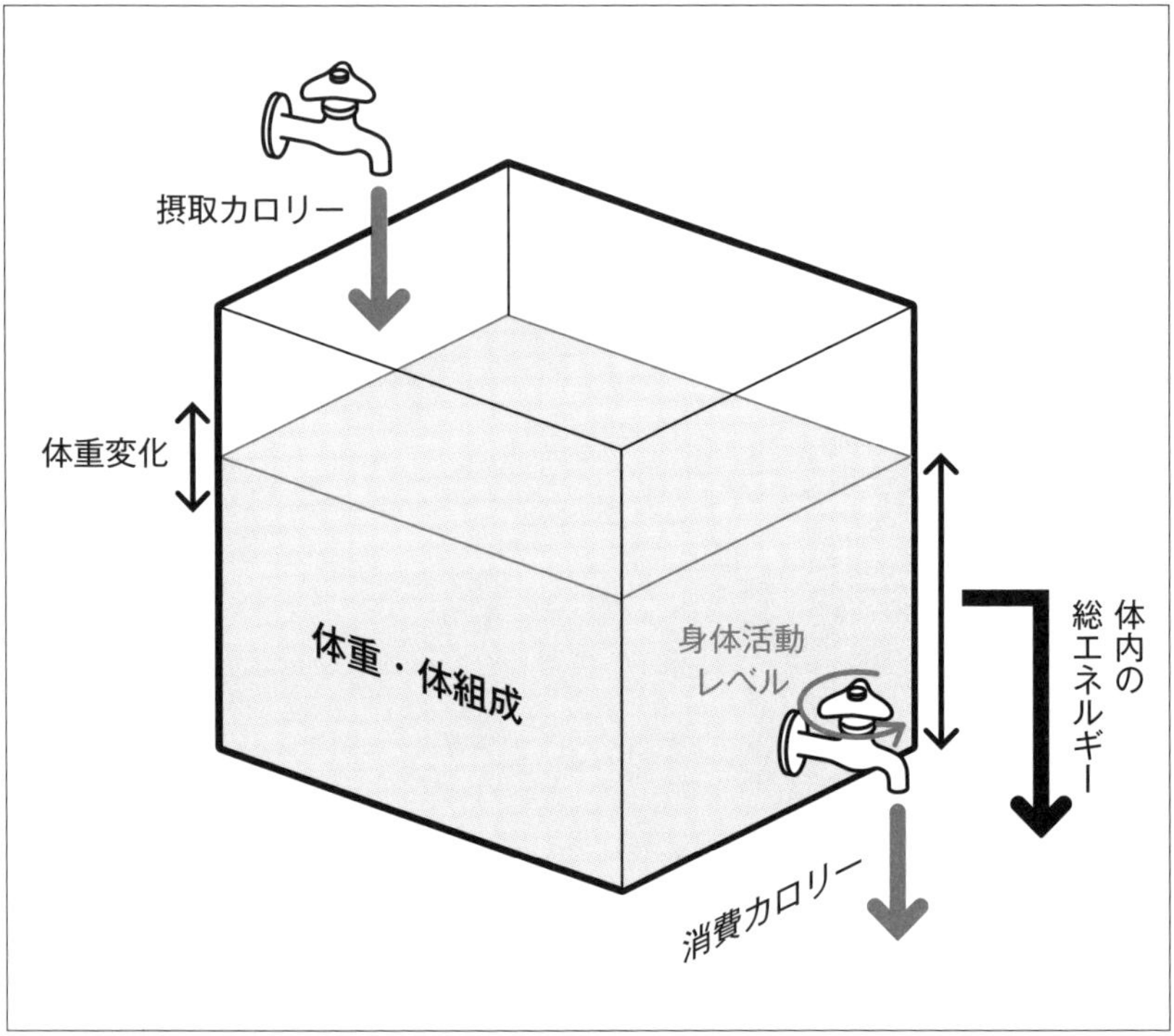


図1　摂取カロリーと消費カロリーのバランスの基本概念

やけどを負いそうなダイエット法の一つに「VLCD（ベリーローカロリーダイエット）」があります。一言で言えば、食べものを過度に制限して体重を落とす方法です。

　これは1970年代に食事療法の一環として取り入れられた方法で、カロリーの極端に少ない食事（具体的には一日に420kcalほど）を1週間から10日ほど継続して6～8kgの体重減少に成功したというものです。食事の内容はほぼタンパク質で構成されており、それに塩をプラスした程度です。

　ボディビルコンテストに出るようなハードな食事管理を行っている選手が、大会直前のコンディション調整の一環として、炭水化物を中心に摂取カロリーを一気に下げることがあります。ベテランのボディビルダーのような〝減量の上級者〟がリスクを理解した上で採用するものです。

　しかし、もともとVLCDは早急な改善が必要な糖尿病の患者さんや肥満の人、具体的にはBMI※が35～40くらいで、すぐにでも体脂肪を落とさないと生命の危険があるような人に向けた治療方法です。メディアで取り上げられるVLCDは「一日600kcal未満」などと書かれていることが多いのですが、本来はドクターに管理してもらった上で注意を払って行う食事方法です。

　こうした極端なカロリー制限は、極度の空腹感、睡眠障害、基礎代謝の低下、倦怠感などの原因にもなり、場合によっては拒食症※の症状を引き起こすことがあります。

　2011年に発表された研究（参考文献③）によると、著しくカロリーを減少させ

※ BMI…Body Mass Index。自分の体型を推し量るために身長を体重から算出する国際的な指標。計算式は147ページ参照

※**拒食症**…摂食障害の一つで「神経性無食欲症」とも言う。太ることへの強い恐怖心などから、食べることを拒否する症状

ると、食欲を増進させる「グレリン」というホルモンの分泌量が増え、そこから食事を戻しても、1年ほどはグレリンが増えた状態が続くとのことです。自分のメンタルで食事をコントロールできる方ならいいのですが、何らかのストレスが引き金になって食べる量が増えてしまいがちな方は、より多くのカロリーを摂取しやすくなり、リバウンドにつながりかねません。

体脂肪減少のためにダイエットをするならば、ポイントをしっかりと押さえた上で、健康的に落としたいものです。

## 食物繊維はゼロカロリーではない？

関連動画はこちらから

「炭水化物」については、「イコール糖質」というイメージを持っている方が多いかもしれませんが、正しくは「糖質と食物繊維」の総称です。食品に貼られている成分表に「炭水化物20g」と書かれていても、その「20g」が全て糖質というわけではありません。ものによっては「炭水化物20g（糖質17g／食物繊維3g）」など、その内訳が表示されている場合があります。

「食物繊維」という単語を聞くと、「食物繊維はゼロカロリー」と直感的に考える方がいるかもしれませんが、ほとんどの食物繊維のカロリーは実はゼロではありません。多くの食物繊維にはカロリーがあります。

厚生労働省が発表している「栄養表示基準等の取扱いについて」という文献があります。これによると、たとえ食物繊維であろうが、その全てが腸を素通りして体外に出ていくわけではなく、一部は腸内（主に大腸菌）で分解され、身体に熱量（カロリー）を供給する役割を果たすとされています。

食品のカロリーは、体内に入ったものが分解される割合、発酵する割合によって決定されます。食物繊維の場合、どういう分類で表記されるのかを以下に簡単にまとめます。

- 分解割合が75％以上のもの＝1gあたり2kcal
（水溶性大豆食物繊維、難消化デンプンなど）
- 分解割合が25％以上〜75％未満＝1gあたり1kcal
（難消化デキストリンなど）
- 分解割合が25％未満＝1gあたり0kcal（と定義される）。
（セルロース、ポリギレロース、寒天など）

平成27年12月24日付 消食表第655号 消費者庁次長通知別添
「食品表示基準について」第三次改正版

なじみのない単語が並んでいるかもしれませんが、「寒天」などはカロリーゼロを謳うデザートによく使われています。難消化デキストリンは「からだすこやか茶」やキリンの「メッツコーラ」などの特定保健用食品の中に、脂肪や糖の吸収を抑える目的で含まれている、メジャーな食物繊維です。

その全てが体内に吸収されるわけではないのですが、種類によってはカロリーがあります。必ずしも「食物繊維＝ゼロカロリーではない」ということは、覚えておいたほうがいいでしょう。

## アルコールと糖アルコール

3大栄養素以外で、カロリーを持っているものがあります。「アルコール」です。アルコールには1gにつき7㎉くらいのカロリーがあります。「くらい」というのは、アルコールの種類によってカロリーが微妙に異なるので、ここではそう表現します。

1gにつき7㎉くらいとなると、タンパク質や炭水化物よりも高カロリーです。「ダイエット中でもハイボールや糖質ゼロのお酒なら飲んでも大丈夫」とよく言われますが、果たして本当にそうでしょうか。

例えば、アルコール度数40度のウイスキーのシングル約30gを炭酸水で割ったとすると、そのハイボールは「30×0・4×7＝84㎉」になります。市販されているハイボールのカロリーは、だいたい120〜180㎉／1缶くらいのものが多いのです。「低カロリーだから飲んでも大丈夫」と言いながら2杯、3杯、4杯と飲み進めていくと、無視できないカロリーがどんどん加算されます。5〜6杯飲むと、ラーメン1杯分ほどのカロリーになります。

「糖質ゼロ」のアルコール飲料の種類がかなり増えてきましたが、「糖質ゼロ」と「カロリーゼロ」は、また違う話になります。

お酒は「エンプティーカロリー」と言われ、「栄養のないカロリー（空っぽのカロリー）だから摂っても大丈夫」と考える方がいます。ところが、実際は1gに約7㎉のカロリーがあります。タンパク質、脂質、炭水化物のように栄養として体内に貯蔵されていくことはほとんどありませんが、アルコールのカロリーは体内で優先的に熱エネルギーに変えられます。

本来、体内で熱エネルギーが必要になると、もともと蓄えられた体脂肪やグリコーゲンが使われます。しかしアルコールを摂ると、もともと蓄えていたエネルギーよりもアルコールが優先的に消費されます。つまり、アルコール自体が身体に蓄積されて太ることは考えにくいのですが、本来使われるはずだった体脂肪などが消費されずに身体に残ってしまうので、相対的に太ったように感じるのです。「糖質ゼロ」だろうが「エンプティーカロリー」だろうが、お酒が体組成に少なからず影響を与える可能性があることに変わりはありません。

さて、外国産のプロテインバーをよく購入される方ならご存知かもしれませんが、裏面の成分表示に「糖アルコール」と書かれているものがあります。これは、その名称からして「アルコール（＝お酒）」に近いものと思われがちですが、アルコールというよりは「砂糖」に近いものです。人工甘味料としてよく使用されるソルビトール、エリスリトール、キシリトールなどがそれにあたります。それぞれの概算カロリーを以下にまとめます。

ソルビトール1g＝2・5kcal
エリスリトール1g＝0・2kcal
キシリトールは1g＝3・0kcal

成分表示に書かれているタンパク質、脂質、糖質のカロリーを足しても、総カロリーの数字と合わないことがあります。それは、その商品に糖アルコールが含まれているからです。糖アルコールのカロリーが表示されていないのは、「糖アルコール」と一口に言っても種類によってカロリーが異なるため、表記しにくいとの理由からです。

ちなみに、「人工甘味料でも摂り続けると太ることが考えられる」と記載しているメディアをよく見かけます。

２００８年に発表された、５１８０人を対象とした研究（参考文献④）によると、人工甘味料の摂取とＢＭＩの上昇に相関関係が認められたとあります。これは８年間にわたって対象者を継続的に追った大規模な研究で、人工甘味料を摂取していないグループは８年間の平均でＢＭＩが１・０増加したのに対し、人工甘味料を摂取していたグループは平均で１・47増加しました。ほかにも、糖尿病患者に対する人工甘味料がインスリン抵抗性※に影響を与えるとする報告（参考文献⑤、⑥）があります。人工甘味料の摂取を長期にわたって続けた場合、糖尿病や肥満を悪化させる可能性を否定することはできません。

※**インスリン抵抗性**…インスリンの働きが鈍くなった状態。インスリン感受性が低下した状態。

SECTION 02

# 脂質制限VS糖質制限

## 両者のメリットとデメリットを9項目で比較

関連動画はこちらから

一昔前までは、「ダイエット」で検索すると、脂質の摂取量を抑える「脂質制限（ローファットダイエット）」が多くヒットしました。3つのマクロ栄養素である「タンパク質」、「脂質」、「炭水化物」の中の「脂質」の摂取量をコントロールするのが脂質制限による減量方法です。

2010年頃からだと思いますが、パーソナルトレーニングジムの台頭と時期を同じくして、糖質をカットする「糖質制限（ローカーボダイエット）」が、メディアを中心に日本国内で体脂肪を落とすダイエットのメインストリームになってきました。「糖質オフ」や「糖質ゼロ」という言葉をコンビニやスーパーでよく目にするようになったのも、この頃からではないでしょうか。

ここでは、その2つのダイエット方法のメリットとデメリットを9項目に分類して比較、検討していきます。なお、「糖質制限」と言ってもかなり幅があり、夕食の一食だけご飯を抜いても「糖質制限」ですし、全ての食事で少しずつ糖質を減らすのも「糖質制限」です。ここで比較する「糖質制限」とは「ケトジェニックダイエット（一日の炭水化物摂取量をゼロに近づける方法）」を前提として考えていきます。

## 〈短期の減量にはどちらが向いている？〉

結論を先に言えば、短期的に減量するには糖質制限のほうが優れています。脂質制限は、前述の通り、脂質の摂取量をコントロールすることでアンダーカロリーの状態をつくるものです。一日500㎉のマイナスを1カ月間継続したら、トータルで15000㎉の差分になります。体脂肪1kgを落とすのに必要なエネルギーが7200～7700㎉なので、1カ月でマイナス2kgの減量です。

一方、糖質制限では、体内に糖質が入ってこなくなるため、初期段階では筋肉や肝臓に貯蔵されたグリコーゲンがエネルギーとして使われ、そのストックがゼロに近い状態になります。ガソリンのタンクが空っぽになるようなイメージです。そして、予備電源のような形で、糖の代わりにケトン体※がエネルギーとして使われます。糖と水分が結合したグリコーゲンの量が一気に減少するため、体脂肪の減少に加え、体水分量も減ります。「数字（体重）が落ちる」という意味で、短期的な減量が期待できます。

パーソナルトレーニングジムの看板でよく見るような「〇カ月でマイナス10kg」などの宣伝文句。この類のダイエット方法はほぼケトジェニックダイエット中心の糖質制

※ケトン体…脂肪の分解によって生成される代謝物。アセトン、アセト酢酸、β-ヒドロキシ酪酸の総称

限だと考えていいでしょう。しかし、2つのグループ（低脂質&低糖質）に分けて減量を行い、12カ月間観察した研究（参考文献⑦）では、体重減少幅における両者の違いはないとする報告があります。

## 〈どちらが筋力を残せる?〉

これは脂質制限のほうに軍配が上がるかもしれません。

動物実験ではありますが、タンパク質量を固定して脂質と糖質のどちらか一方を制限し、6週間の減量を実施した研究によると、脂質を制限したグループのほうが、減量後の体重における骨格筋量（筋肉量）の割合が多かったという報告（参考文献⑧）があります。筋肉量と筋力がある程度比例すると仮定するならば、脂質制限のほうが優勢と考えられるでしょう。

これはエビデンスとしては数えられませんが、両方の減量を経験された80名ほどを対象に、「筋力の維持を実感した減量はどちらでしたか?」と過去に私自身がアンケートを取ったところ、実に8割もの方が「脂質制限」と答えました。

ただし、これはあくまでも「傾向」であり、そこには個人差が生じます。ケトジェニックダイエットでもトレーニングのパフォーマンスに影響がない方は当然います。「使用重量が絶対に落ちる」とは言いきれません。

〈食事を管理しやすいのは?〉

これは主観的な部分ですので、「人による」というのが答えだと思います。どちらが比較的簡単か、どちらが取り組みやすいかという部分では、糖質制限に分があると考えています。特に、外食が多い方はその傾向が顕著ではないでしょうか。ケトジェニックダイエットでは、糖質摂取を限りなくゼロに近づけるのが一般的な方法です。逆に言えば、**糖質さえカットできていれば、それ以外のものはある程度食べることが可能**です。肉が好きな方ならば、極端に言うと、牛肉とサラダとダイエットコーラの食事でも大丈夫です。

一方、脂質制限は、PFCバランスを考える上でどれくらいのレベルまで脂質を減らせばいいのでしょうか。そして、その脂質を一日の食事の中でどのように割り振っていくのでしょうか。摂取する糖質はどういうものを選べばいいのでしょうか。そういったところに細かい調整が必要となります。外食中、細かいPFCの量に気を配って食材を選択するのは簡単なことではないでしょう。そうした食事に慣れるまでは幾ばくかの面倒臭さを伴うかもしれません。

〈空腹感〉

これに関しては人それぞれというのが答えです。メディアなどでは、一般的な日本人は糖質の摂取量が多い食生活を送っているとよく言われます。そうした食生活から糖質の摂取量を一気に減らして血糖値が下がると、食欲を増進させる「グレリン」というホルモンの分泌量が増えます。これにより、空腹感を感じやすくなるという報告（参考文献⑨）がいくつも存在します。しかし、これに対立する研究もあります。重度の肥満の方119名を対象として自己申告制で減量の進捗を追ったところ、ケトジェニックダイエットを行ったグループのほうが空腹が改善されやすかったとの報告（参考文献⑩）があるのです。

脂質制限では炭水化物を摂取することが可能です。摂取のタイミングを考えたり、腹持ちのいい炭水化物をチョイスしたりすることで空腹感を抑えられるでしょう。ただし、ダイエット前と比べると、絶対的な食事の量が減るので、これが引き金となって空腹感を感じる方もいます。どちらが優れているかは「人それぞれ」です。

〈コスト〉

どちらがコスパ的に優れているかについては、ほぼ確実に脂質制限に軍配が上がるでしょう。糖質制限では、糖質を摂らない代わりに、質のいい脂を摂取していきます。MCTオイルなどの良質な脂質は、一般的な調理用オイルよりも値が張ります。一方、グラム換算にすると、炭水化物はかなり安い値段で手に入れることが可能です。ケトジェニックダイエットをやってみようと考えている方は、それなりにコストがかかることを把握しておいたほうがいいでしょう。

## 〈体臭〉

ダイエットをすると体臭が強くなる場合があります。そんなことがあるのかと思われるかもしれませんが、糖質制限ではたびたび報告される症状です。

身体がケトン体をエネルギーとして使う状態、すなわちケトーシス※になった際に発せられる特徴的な匂いがあります。これが「ケトン臭」、別名「アセトン臭」と言われるものですが、これにも個人差があります。ケトン臭になりにくい方もいますが、身体から甘酸っぱいような匂いを発する場合があります。とはいえ、この状態がずっと続くわけではなく、匂いは時間とともに落ち着いてくることがほとんどです。これは脂質制限にはない、ケトジェニックダイエットの特徴的な反応です。体臭が気になる方にとっては脂質制限のほうがいい選択かもしれません。

## 〈ストレス〉

これに関しても甲乙はつけがたいです。ご飯やラーメンが大好きという方が糖質制限を始めたら、好きな食べ物を我慢しなければならず、少なからずストレスを感じるはずです。また、脂の乗った焼肉やステーキに目がないという方が脂質を制限する食生活を送ると、ストレスを当然感じるでしょう。何が好きか、何を制限するかによっ

---

※**ケトーシス**…ケトン体が血中に増加し、ケトン体をエネルギーとして使える状態

て、ストレスの有無は変わってきます。

## 〈どちらが続けやすい？〉

数日や数週間ではなく、数カ月以上続ける場合は、どちらがいいでしょうか。一概には言えませんが、脂質制限のほうが長期間続けやすいのではないでしょうか。糖質制限は短期的に落としていく場合には適していますが、コストがかさみますし、また、トレーニングのパフォーマンス低下を招く可能性があります（これは脂質制限も例外ではありませんが）。体重は短期間で一気に減りますが、それを一定期間続けると停滞期に入ることがあり得ます。個人の嗜好性にもよりますが、4カ月から半年もしくは1年ほどかけ、身体に負担を負わせずに少しずつ落としていきたいという方は、脂質制限あるいは両者の組み合わせが主な選択肢になるのではないでしょうか。

## 〈チートデイ〉

ダイエット中、一週間に1回、もしくは10日に1回ほどのペースで、食事の制限を解除してたくさんの炭水化物を食べる日を俗に「チートデイ」と言います。減量慣れしている人の中には、それまで我慢していた自分への「ご褒美デー」、もしくは「ストレス発散デー」として実施しているケースがあるかもしれません。

「チート（cheat）」とは「騙す」、「ごまかす」などの意味ですが、本来の目的としては、制限していた糖質を身体に一気に入れることによって、食事制限で低くなってきた代謝をもとに戻すのが狙いです。もちろん、短期的には食べた分だけ一気に体重が増えますが、代謝が戻れば、ダイエットをまたスムーズに再開させることができます。もちろんチートデイだからと言って何でも食べていいわけではなく、ここで摂取するのは炭水化物がメインになります。

糖質制限の場合、チートデイは糖質を大量に体内に入れてしまう行為になります。身体がせっかくケトーシスの状態にあるのに、グリコーゲンのタンクが満たされ、「予備電源」を使う必要がなくなってしまいます。そこからケトン体を使える状態に持っていくまでに、時間のロスが再度生じます。

結論としては、炭水化物を多く摂取するチートデイは糖質制限にはあまり向いていません。

トレーニングやダイエットを行う目的は人それぞれですが、健康でいたくないという方はいないでしょう。過度なボディメイクを目指したがゆえに健康から遠ざかってしまっては本末転倒です。どちらの方法を選ぶにしても、自分の健康状態を客観的に見た上で続けていくことが重要です。

SECTION 03

# 体脂肪を落とす際のPFCバランス

関連動画はこちらから

## 決めるべき順序について

いざ減量のためにダイエットを始めるとなると、様々なことを決めなければなりません。摂取カロリーはどうするか、炭水化物は何を選ぶか、食事のタイミングをどうするかなどです。効率的に体脂肪の減少を狙うためには、これらをやみくもに決めてしまうのではなく、決める順序がカギになります。

1：アンダーカロリーになるような摂取カロリーの設定
2：PFCバランス
3：食材と摂取タイミング等

減量中の食事は、主にこの3つのステップで考えていきます。ここでのメインテーマは、2の「PFCバランス」です。これの数値に関しては、この割合で最初から最後まで摂り続ければ、間違いなく体脂肪が減り続けていくという最適解はありません。むしろ、明確な数字でPFCバランスを決めてしまうのは危険です。基本的な原理原則はありますが、人間は個体差が大きく、全ての人にあてはまる絶対的な正解の値はありません。

同じものを食べても、太る人もいれば、細い見た目のままの人もいます。脂肪のつきやすい場所も人それぞれです。ジムに定期的に通っている人とそうでない人でも変わってきます。ベストなPFCバランスは、その人や時期によって違ってくるものです。

ただし、様々なことを考慮した上で、参考値となる比率はあります。ここでは、「脂質制限」と「糖質制限」、それぞれについて解説していきます。

## 適切なPFCバランス／脂質制限編

前述の通り、一般的な日本人に推奨されている総摂取カロリーに対するPFCバランスは、厚生労働省の発表によると、「タンパク質13～20％：脂質20～30％：炭水化物50～65％」で、脂質の中の飽和脂肪酸は総エネルギーの7％以下にすべきとされています。これは生活習慣病予防もしくは改善のための数字であり、「健康を維持するため」の目安となるバランスです。では、脂質を制限して行う減量中のPFCバランスはどう設定するべきでしょうか。

ダイエットのためのPFCバランスや各摂取量の目安を考える際に参考となる計算方法の例をここで紹介します。

まずは総摂取カロリーを求めましょう。体重70kg、体脂肪20%の人がいたとします。この人の除脂肪体重※は約56kgになります。ここに「28・5」という数字をかけると、簡易的な基礎代謝が導き出せます。

56×28・5＝1596kcal

1596kcalが、この人の理論上の基礎代謝です。この数値に、自分の生活にあてはまる「生活活動強度指数」をかけます。これは日常にどれくらいの活動をするかを数値化したもので、「1・3」～「1・9」までの4段階に分けられた指数です。

- 自宅でリモートワークやデスクワークをする…1・3
- 外回りなどで活動量が多い…1・5
- 仕事で身体をよく動かす…1・7
- トレーニングを週に5、6回行う…1・9

※除脂肪体重…LBM（Lean Body Mass）とも言う。体重から脂肪の重さを差し引いた数値

力仕事が多い方の場合、生活活動強度指数は「1・7」になるでしょう。

1596×1・7＝2713㎉

これが簡易的に計算した一日の総消費カロリーになります。体脂肪を1カ月で2kg落とす場合、体脂肪1kgを落とすには約7200㎉の消費が必要だと仮定すると、多く見積もると、約15000㎉になります。ということは、一日にマイナス500㎉のアンダーカロリーの状態をつくれば、理論的には約1カ月で達成できます。一日の総消費カロリーが約2700㎉で、一日の目標アンダーカロリーが500㎉。差し引きすると、一日に摂取すべき総カロリーの目安は2200㎉になります。この数値を各マクロ栄養素に振り分けていきます。

PFCバランスは人によって様々ですが、まずは優先順位の高いタンパク質から固めていきましょう。アンダーカロリーの状態で、ただでさえ筋肉を維持するのが大変なのに、そこでタンパク質が不足すると筋肉の分解が進んでしまいます。また、食事誘発性熱産生が一番高い栄養素はタンパク質です。脂質や炭水化物よりも、消化の過程で多くのカロリーが消費されます。ダイエット中であっても、タンパク質は積極的に摂るべきです。

減量中の具体的なタンパク質摂取量については複数の研究で議論がなされていますが、ここでは、トレーニングと並行して行うことを前提に、２０１４年に発表された研究（参考文献⑪）を引用します。この報告によると、カロリー制限中に除脂肪体重を維持するためのタンパク質摂取量として、除脂肪体重（kg）×２・３～３・１gと示されています。この値の上限値を参考にすると

56kg（除脂肪体重）×３・１g＝１７３g＝６９２kcal（１７３g）

となります。この人の一日のタンパク質による摂取カロリーの目安は６９２kcalです。

次に考えるべきは脂質です。カットしすぎると身体の生理機能がきちんと働かないなどの悪影響をもたらします。総摂取カロリーの20％ほどの脂質を摂っていれば、体調を崩さずに生理機能がしっかりと働くことがＩＳＳＮ（国際スポーツ栄養学会）のレビュー（参考文献⑫）を含む多くの研究から明らかになっています。この値を参考にすると

２２００kcal×20％＝４４０kcal（49g）

この人が一日に摂る脂質の目安量は、カロリーで言えば４４０kcalまで、グラムだ

と48・8gまでとなります。これでタンパク質と脂質の量が決まりました。

2200－700－440＝1060kcal（265g）

必然的に、残りのこの数値が炭水化物の量になります。グラム換算では265g。炭水化物は白米一食分／茶碗一杯分（150g）で約60g＝240kcalほどなので、単純計算で茶碗四杯分以上になります。トレーニングを続けるには十分な量を確保できていると言えるのではないでしょうか。

この場合、PFCのバランスは

- タンパク質 31％
- 脂質 20％
- 炭水化物 49％

となります。

絶対的なPFCバランスにあてはめるのではなく、あくまでも各栄養素の必要量から逆算することが重要です。ただし、これは理論上の数値にすぎません。まずは自分でこのように計算し、設定してみて、2週間ほど続けましょう。その段階で、トレーニングの挙上重量が落ちるなどのパフォーマンスの低下が見られたら炭水化物の量を増やす、体重が予定通りに落ちてきたらそのまま継続する、コンディションがあまりよくないようなら脂質を増やすといった微調整を繰り返しながら、自分に合ったバランスを探していくことが大切です。

## 適切なPFCバランス／糖質制限編

関連動画はこちらから

ここでは「糖質制限＝ケトジェニックダイエット」として話を進めます。これは炭水化物の摂取を制限する一方で脂質を積極的に摂るようにし、糖質ではなく脂質をエネルギー源として使うように身体をシフトチェンジしていく方法です。

ちょっと難しい話になりますが、ケトジェニックダイエット中に体脂肪がエネルギーとして利用される際には、それがそのまま燃やされるのではなく、まず「脂肪酸」と「グリセロール」に分解されます。通常の脂質代謝に加えて、そのうち「脂肪酸」の一部から「ケトン体」が生成され、これがグリコーゲンの代わりのような働きを果たしてエネルギーとして利用されます（P42図2）。「ケトジェニックダイエット」の名称はこの「ケトン体」に由来し、身体がケトン体をエネルギーとして使える状態を「ケトーシス」と言います。ちなみに、「脳の栄養はブドウ糖だけ」とよく言われていましたが、糖が足りなくなったときの非常用エネルギーとして、ケトン体も脳で利用されます。ここでは脂質をしっかりと摂って、ケトジェニックダイエットがうまく進められていることをベースに話を展開していきます。

結論としては、ケトジェニックダイエットにおける目安となるＰＦＣバランスは、以下の通りです。

ＰＦＣ＝Ｐ３：Ｆ６〜７：Ｃ１未満

・タンパク質30％
・脂質60〜70％
・炭水化物〜10％

その理由を紐解いていきましょう。

脂質制限のときと同様、筋肉を守るという意味でもタンパク質量の目安としては692kcalは必要だと考えます。次に炭水化物ですが、ＩＳＳＮのレビューによると、ケトーシスから抜け出さずに効率よく体脂肪の減少が見込める炭水化物量は、総摂取カロリーの10％までと報告されています。今回のケースで考えると目安量は２２０

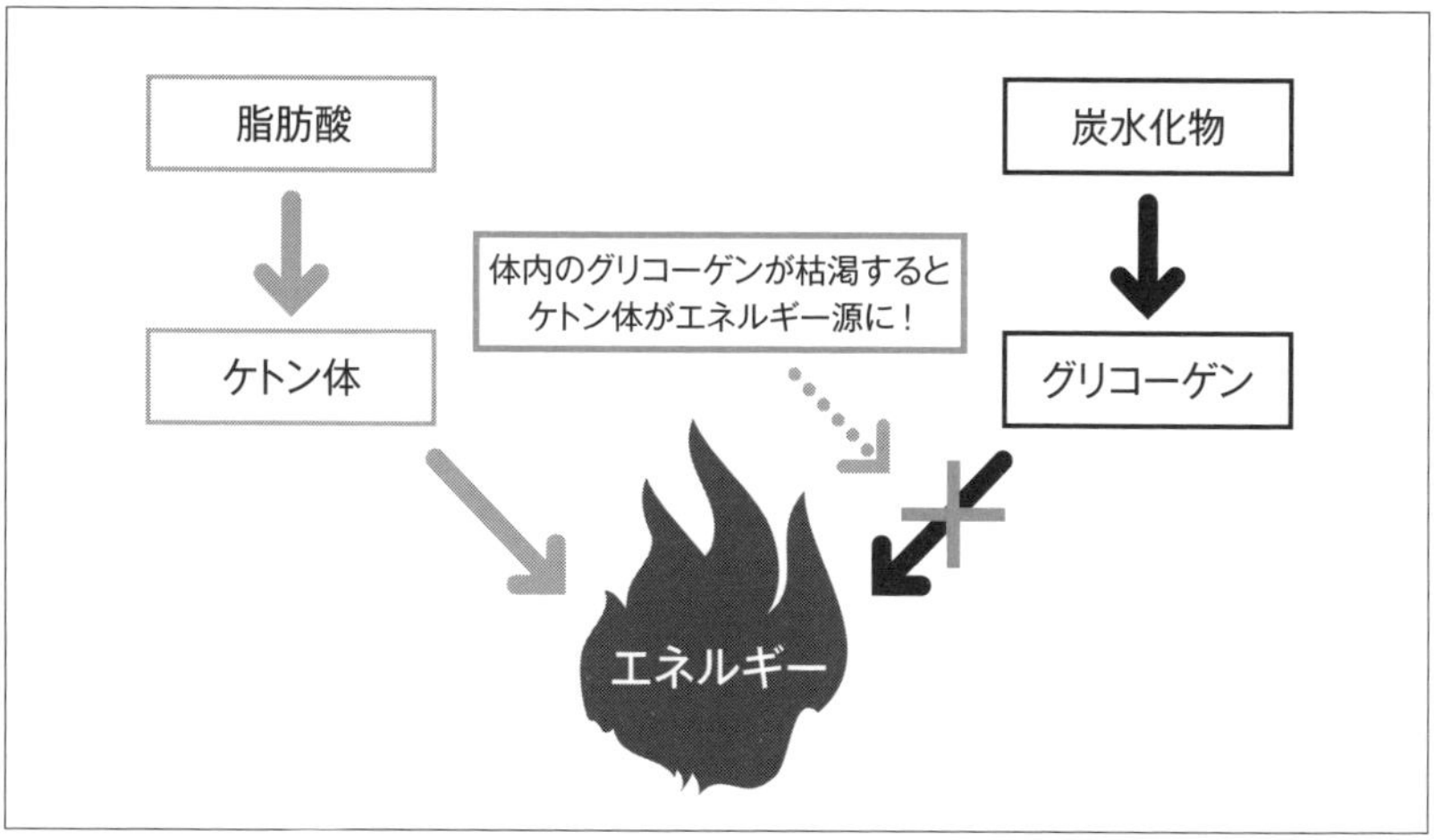

図2　ケトジェニックダイエットのメカニズム

㎉（参考文献⑬）です。最後に残ったカロリーが脂質摂取量の目安（1288㎉）となります。

ケトジェニックダイエットでよくある失敗としては、脂質を摂ることを怖がった結果、摂取量が足りず、身体をケトーシスの状態までシフトできなかったケースが挙げられます。脂質は身体によくないという固定概念を持っている人は、減量中の脂質の摂取に前向きになれないかもしれません。脂質制限のダイエットで減量がスムーズに進まず、そこからケトジェニックダイエットに切り替えた際は、脂質の摂取に特に消極的になってしまいがちです。それまでカットしていた脂質を摂るのは、心理的には怖いものでしょう。

しかし、ケトジェニックダイエット

でいくと決めたのならば、思い切って脂質を摂りましょう。

もう一つ注意すべきは、糖質の摂取量を減らしていくと、相対的に、タンパク質の摂取量を増やしがちになる点です。タンパク質の過剰摂取が人体に及ぼす影響については、肝機能、腎機能、骨などの観点で様々な議論（参考文献⑭）がなされています。

そうしたことを加味すると、ケトジェニックダイエットでのタンパク質摂取は総摂取カロリーの30％ほどに留めるのがいいでしょう。

SECTION 04

# 減量（脂質制限中）に選ぶべき炭水化物

## 5種類の炭水化物を徹底比較

関連動画はこちらから

一日の総摂取カロリーは決まりました。PFCバランスも設定しました。これだけでも、ほとんどのケースにおいては結果が出ます。しかし、実際に食事管理をやってみると、「炭水化物と言ってもたくさんあるけど、何が最適なの？」という疑問が出てくるでしょう。ここでは、減量をもう一歩加速させるための「炭水化物の選択（種類）」について掘り下げていきます。どうせ食べるのであれば、減量にとってマイナスにならないものを選びたいところです。

その際に重要になる指標の一つが「GI値※」です。これは、「同じ炭水化物100gを摂ったとしても、種類によって血糖値の上昇度合いが違う」という事象を数値化したもので、ブドウ糖を「100」としています。GI値が高ければ高いほど血糖値が短い時間で上昇し、インスリンが一気に分泌されます。インスリンには、脂肪の分解を阻外したり、脂肪酸の取り込みを促進させたりする働きがある（参考文

※GI値…Glycemic Index（グリセミック・インデックス）。食後の血糖値の上昇度を示す指標。食品中に含まれる糖質量に関しては考慮されていない

表1　白米、玄米、オートミール、そば、パスタの100gあたりのGI値と成分含有量

| | カロリー | タンパク質 | 脂質 | 炭水化物 | 食物繊維 | GI値 |
|---|---|---|---|---|---|---|
| 白米 | 168kcal | 2.5g | 0.3g | 37.1g | 0.3g | 84 |
| 玄米 | 165kcal | 2.8g | 1.0g | 35.6g | 1.4g | 56 |
| オートミール | 380kcal | 13.7g | 5.7g | 69.1g | 9.4g | 55 |
| そば | 114kcal | 4.8g | 0.7g | 22.1g | 1.5g | 59 |
| パスタ | 148kcal | 5.2g | 0.9g | 28.4g | 1.5g | 65 |

日本食品標準成分表2020年版（八訂）、参考文献⑯より作成

献⑮）ため、血糖値を一気に上げるようなものは避けたいところです。ここではGI値をはじめとする5つの項目で、「白米」、「玄米」、「オートミール」、「そば」、「パスタ」（それぞれ100g）を比較していきます（**表1**）。そばは、十割そばを用いています。

ちなみに、GI値は食材内の炭水化物100gあたりの指標で、食材100gあたりの数値ではありません。食材100gあたりの血糖値の上昇を示す指標には「GL値※」というものがあります。

※**GL値**…Glycemic Load（グリセミック・ロード）。食品中に含まれる糖質量にGI値をかけて100で割った数値

## そばは隠れた優秀食材!?

減量中によくすすめられる炭水化物と言えば、玄米やオートミールが定番です。しかし、ここで特におすすめしたいのは「そば」です。

前述した5つの中でGI値が最も高いのは白米です。カロリーだけを見るとオートミールが高いのですが、これはあくまでも乾燥した状態100gあたりのカロリーなので、実際に食べる量のイメージとしては、この半分から6割くらいになります。

オートミールの食物繊維含有量は突出しています。これは大きなアドバンテージです。食物繊維は、ダイエット中にタンパク質をなかなか消化しきれない、おなかがゴロゴロするといった症状を感じる方にぜひ摂ってほしい栄養素です。

タンパク質含有量についてもオートミールがずば抜けています。ただし、これも100g換算なので、そばの100gやパスタの100gとは、一食あたりの摂取量が違ってきます。

それぞれが持っている栄養素的な特徴として、まず玄米はナイアシンを多く含んでいることが挙げられます。ナイアシンは脂質や糖質をエネルギーに変換する際に必要なビタミンです。ただし、ナイアシンが多いと言っても、その量はサプリメントで摂

関連動画はこちらから

る場合と比べたら、微々たるものです。

オートミールは、栄養素が最も豊富な炭水化物の一つと言っていいでしょう。ビタミンやミネラルがほかの炭水化物よりも多く含まれています。ビタミンやミネラルを摂る機会があまりない方は、オートミールを積極的に食べることで、それなりの量を補えます。また、鉄分も多く、白米と比較すると39倍もの量になります。

パスタには、セレンという栄養素が多く含まれています。セレンには抗酸化作用※があり、また、体内でタンパク質を合成するときに必要な栄養素ですが、身体に対していい面だけを持つのではなく、もともとは有害な物質と考えられていました。近年になり、身体はある程度の量のセレンを必要とする論調（参考文献⑰）が強くなってきましたが、必要量と過剰摂取量の幅が非常に狭いので、摂取するのであれば、食事からの摂取で十分でしょう。

そばは、脂質がとても低い炭水化物です。エネルギーを枯渇させないために糖質はある程度摂り、一方で脂質の摂取は抑えたいという方には、最適な炭水化物です。実際にはそばよりも白米のほうが脂質量は微妙に少ないのですが、GI値を考慮すると、そばがベストな選択肢と言えるでしょう。

※**抗酸化作用**…老化現象などに関与する活性酸素の働きや発生を抑制したり、除去したりする作用

そばには、ビタミンB1や食物繊維、さらにはマグネシウム、鉄、銅といったミネラルも、ほかの炭水化物に比べて多く含まれています（P49 表2）。マルチビタミン&ミネラルの外部摂取が面倒臭い、難しいという人は、そばを食べることで最低限は補えます。ダイエット中は食事がパターン化しがちなので、「たまには麺類を食べたい！」というときにも、非常にいい選択肢になります。

ただし、考慮すべき点があります。単体でそばだけを食べることはあまりなく、食べるときには、めんつゆなどを使う場合がほとんどでしょう。このめんつゆのカロリーは意外と無視できないものです。また、つなぎで小麦粉が2〜3割入っているものがあります。つなぎによって炭水化物の組成が変わってくるので、注意して成分表を見たほうがいいでしょう。

## 「グルテンフリー」は気にしたほうがいいのか？

関連動画はこちらから

小麦を材料とした食材を選ぶとき、そこに「グルテンフリー」と書いてあると、ダイエットにいい、健康にいいというイメージが湧くかもしれません。

結論から言うと、ボディメイクが目的で体脂肪を落とそうとしている人が減量を加速させる目的でグルテンフリーを取り入れるメリットは、ほとんどないでしょう（参考文献⑱）。グルテンフリーを気にするくらいなら、ほかのことに意識を回したほうが

**表2** そば粉、小麦粉、精白米の成分含有量（可食部100g中）

| | エネルギー | 一般成分 | | | | | |
|---|---|---|---|---|---|---|---|
| | | 水分 | たんぱく質 | 脂質 | 食物繊維総量 | 炭水化物 | 灰分 |
| | (kcal) | (g) | (g) | (g) | (g) | (g) | (g) |
| そば粉（全層粉） | 339 | 13.5 | 12 | 3.1 | 4.3 | 69.6 | 1.8 |
| 小麦粉（中力粉 1等） | 337 | 14 | 9 | 1.6 | 2.8 | 75.1 | 0.4 |
| 精白米（うるち米） | 342 | 14.9 | 6.1 | 0.9 | 0.5 | 77.6 | 0.4 |

| | ミネラル | | | | | | | | | | | | |
|---|---|---|---|---|---|---|---|---|---|---|---|---|---|
| | ナトリウム | カリウム | カルシウム | マグネシウム | リン | 鉄 | 亜鉛 | 銅 | マンガン | ヨウ素 | セレン | クロム | モリブデン |
| | (mg) | (mg) | (mg) | (mg) | (mg) | (mg) | (mg) | (mg) | (mg) | (μg) | (μg) | (μg) | (μg) |
| そば粉（全層粉） | 2 | 410 | 17 | 190 | 400 | 2.8 | 2.4 | 0.54 | 1.09 | 1 | 7 | 4 | 47 |
| 小麦粉（中力粉 1等） | 1 | 100 | 17 | 18 | 64 | 0.5 | 0.5 | 0.11 | 0.43 | 0 | 7 | Tr | 9 |
| 精白米（うるち米） | 1 | 89 | 5 | 23 | 95 | 0.8 | 1.4 | 0.22 | 0.81 | 0 | 2 | 0 | 69 |

| | ビタミン | | | | | | | | | | | |
|---|---|---|---|---|---|---|---|---|---|---|---|---|
| | ビタミンE | | | | ビタミンB1 | ビタミンB2 | ナイアシン | ビタミンB6 | 葉酸 | パントテン酸 | ビオチン | ビタミンC |
| | α-トコフェロール | β-トコフェロール | γ-トコフェロール | δ-トコフェロール | | | | | | | | |
| | (mg) | (mg) | (mg) | (mg) | (mg) | (mg) | (mg) | (mg) | (μg) | (mg) | (μg) | (mg) |
| そば粉（全層粉） | 0.2 | 0 | 6.8 | 0.3 | 0.46 | 0.11 | 4.5 | 0.3 | 51 | 1.56 | 17 | 0 |
| 小麦粉（中力粉 1等） | 0.3 | 0.2 | 0 | 0 | 0.1 | 0.03 | 0.6 | 0.05 | 8 | 0.47 | 1.5 | 0 |
| 精白米（うるち米） | 0.1 | Tr | 0 | 0 | 0.08 | 0.02 | 1.2 | 0.12 | 12 | 0.66 | 1.4 | 0 |

日本食品標準成分表2020年版（八訂）、参考文献⑯より作成

いいかもしれません。

「グルテン」は小麦に含まれるタンパク質の一種です。パンやうどんなどのモチモチ感の一端を担っているのがグルテンです。

もともと、「グルテンフリー」という食事療法はセリアック病※へのアプローチとして考案されました。プロテニスプレーヤーのノバク・ジョコビッチがこの食事法を用いたことが有名です。

また、小麦アレルギーを持っている人が、グルテンをきっかけにアレルギー反応を起こすといったことがあります。

そういう方々については、グルテンを取り除いた食事によってアレルギー反応を抑制することが期待できます。ただし、グルテンを取り除けば、脂肪燃焼が加速する、減量がスムーズに進むかと言えば、それはほとんどありません。

グルテンフリーは、あくまでも、グルテンを摂取することで体調が悪化する人へのアプローチの一つです。セリアック病の人やグルテンが原因で小麦アレルギー反応を起こす人は、世界の人口の1％未満とされています。

一方で、グルテンフリーのパスタなどには人工的につくられた精製糖質が添加されているものが多くあります。グルテンフリーではない小麦製品は、グルテンが含まれ

※**セリアック病**…小麦に含まれるタンパク質は消化・吸収がされにくく、腸に残りやすい傾向にある。その一部が腸の壁を傷つけて炎症反応を起こし、食欲不振、消化吸収不良、パフォーマンスの低下などを引き起こすのが、この病気

ているとしても、ほかにビタミンやミネラルが含まれます。グルテンフリーの食材は100gあたりの糖質量が高い傾向にあったり、そのほかの微量栄養素が欠損していたりする可能性があります。

いかがでしょうか。グルテンフリーは一般の人の身体にとっていいものなのか、ダイエットに適した食べものなのかと聞かれたら、意外とそうでもないというのがここでの結論になります。

BONUS TRACK

特別インタビュー by Kento

# 「腸は最高の発酵器官にもなれば、腐敗器官にもなります」

## 桑原弘樹氏

「腸活」といった言葉をメディアなどでよく見かけるようになったが、腸のメカニズムについては、解明されていない部分がまだまだ多い。サプリメントのスペシャリストである桑原弘樹さんは、腸にどのようにアプローチしているのか。自身の経験を踏まえた上で語ってもらった。

桑原弘樹（くわばら・ひろき）
1961年4月6日生まれ、愛知県出身。立教大学卒業後、江崎グリコに入社し、スポーツサプリメント事業を立ち上げる。現在は「桑原塾」を主宰。100人以上のトップアスリートやモデルなどを指導するほか、サプリメントのスペシャリストとしてセミナーや執筆なども行っている

### グルタミンの量を増やしたら、体調が良くなりました

――まずは腸内環境の悪化がアスリートやトレーニーに及ぼすマイナスの影響について教えてください。

**桑原**　腸の機能には大きく分けて2つの意味があります。一つは身体への本当の入り口であること。ほとんどの栄養は小腸から入ってきますが、菌やウイルスの入り口にもなっています。もう一つは脳に指示を出すこと。「脳腸軸」という言葉があります。

脳は身体の司令塔ですが、実は脳と腸はホットラインでつながっています。脳から指示が来るが、脳への指示も出すという単なる臓器以上の力を持っているのが腸なのです。腸が元気であれば、摂ったものが少ないロスで体内に取り入れられているということですし、腸の調子が悪いのであれば、まさにその逆のことが起きています。腸は上手に使えば最高の発酵器官なのですが、下手に扱うと、腐敗器官にもなります。発酵器官になっている人と腐敗器官になっている人では、ゼロに対して真上にプラス、真下にマイナスほどの差が出ます。

僕は60歳になったときに、せっかくだから、還暦記念として久々にバルクアップしてみようと思ったんです。若い頃とは違って、食べる量を増やすと、中性脂肪が増えておなかが出ておかしくなるだけなので、マイナスになりがちなところをリセットしようと。そこで意識したのは腸と電子伝達系※です。おかげさまで腹が極端に出ることはなく、扱う重量が伸びて、若返ったような錯覚に陥りました。腸に対するアプローチは非常にシンプルで、グルタミンをどんどん与えてあげました。これは副次的な効果ですけど、腸にごっそり集まっている免疫細胞がグルタミンで元気になるんです。そうなると、免疫が落ちないというメリットが当然あります。

――一日の量としては、どれくらい摂っていますか？

**桑原** もともとは朝に5gと夜に5g、一日のトータルで10gほどだったのを倍にしました。一日に20g摂るようにしています。気のせいかもしれませんが、グルタミン

※**電子伝達系**…ミトコンドリアの内膜上に位置するATP合成システムの一つ

の量を増やしたら、体調がよくなりました。ほかには乳酸菌。乳酸菌は何千もの種類があるので、とりあえず一つに決めた乳酸菌を2週間ほど継続して飲むことをやっています。いい働きを持っている腸内の常在菌を増やしてくれるので、先ほど言った腐敗器官から発酵器官にする最高の役割を腸内の環境自体が果たしてくれます。また、副次的な効果で言うと、一部の乳酸菌にはインターフェロン※を活性化して免疫を高めるなどのプラスアルファの効果があるので、グルタミンと乳酸菌のセットは非常に相性のいい組み合わせだと思います。

## 水溶性食物繊維と不溶性食物繊維のバランスが大事

――食材がもともと持っている栄養素をロスなく吸収するためには、具体的にどんなアプローチが考えられますか?

**桑原**　グルタミン、プロバイオティクス※、食物繊維の3つが、腸に関しては大事だと思います。人によって胃の機能の強さなどに個人差があるので、調理方法が多少影響するとは思いますが、腸のことで言うと、この3つです。食物繊維は効果を体感しやすいなと最近つくづく思います

――プロバイオティクスを摂ることによって、いい働きを持っている腸内の常在菌が増えたら、その環境を維持するために餌になる水溶性食物繊維やオリゴ糖などが必要です。その場合、必要な量の食物繊維を一食分のサラダで補えるのかと言えばそうで

※**インターフェロン**…免疫に関与するタンパク質の一種
**プロバイオティクス**…ビフィズス菌や乳酸菌などの整腸作用がある微生物。公益財団法人腸内細菌学会においては、「もともと、宿主の腸内フローラの一員である微生物」、「胃液や胆汁などに耐え、腸に生きたまま到達できる微生物」などの定義がある

はなく、3度の食事で食物繊維を少しずつ摂って体内にローディングしていくものだと考えられます。その点に関してはどうでしょうか？

**桑原** その通りだと思います。いい働きをしてくれる常在菌の餌となって、悪い働きをしてしまう常在菌が嫌う短鎖脂肪酸をつくり出すのが水溶性食物繊維で、お通じの配管をきれいにしてくれる役割を持っているのが不溶性食物繊維ですが、この2つのバランスが大事だと思います。葉ものの野菜には水溶性食物繊維が多く含まれ、玄米、サツマイモ、ゴボウなどには不溶性食物繊維が多く含まれています。昔は食物繊維はあまり意味のない栄養素だと言われる時代があったんですが、その働きが分かってきました。食物繊維はいままさに注目されている栄養素の一つだと思います。

――消化吸収の能力は年齢とともに低下すると言われます。桑原さん自身はそうした変化を感じますか？

**桑原** すごく落ちていると思います。単純にドカ食いができなくなりました。その変化を自分なりに自覚しているので、当たり前のことですが、好きなものをドカ食いしたり、深酒したりをしないようにしています。

――若い頃と比較すると、現在のほうがグルタミンの恩恵を感じやすくなったということはありますか？

**桑原** 若い頃はグルタミンを飲んでいない時期がありました。グルタミンは体内でつくられるから、（外部から摂取しなくても）別にいいやと。でも、いまは僕の中ではマストアイテムと言いますか、優先順位をつけると、1位か2位の栄養素ですね。僕が摂っているグルタミンにはEC12という乳酸菌が入っているので、乳酸菌も自動的に摂れます。また、EC12以外のプラスアルファとして、ヨーグルトでも何でもいいのですが、同じ種類のタイプの乳酸菌を毎朝必ず摂るようにしています。それと、僕はもともとは野菜をそんなに積極的に食べるタイプではなかったんですが、日々かなり意識してたくさん食べるようにしています。

未公開部分を含む
特別編集版動画を公開中！

# CHAPTER1　参考文献一覧（掲載順）


① Children: Nutritional Requirements
Inga Thorsdottir
School of Health Sciences, University of Iceland and The National University Hospital of Iceland, Reykjavik, Iceland
Available online 6 March 2013.

② Comparison of Weight-Loss Diets with Different Compositions of Fat, Protein, and Carbohydrates
Frank M. Sacks, M.D., George A. Bray, M.D., Vincent J. Carey, Ph.D., Steven R. Smith, M.D., Donna H. Ryan, M.D., Stephen D. Anton, Ph.D., Katherine McManus, M.S., R.D., Catherine M. Champagne, Ph.D., Louise M. Bishop, M.S., R.D.,1 Nancy Laranjo, B.A., Meryl S. Leboff, M.D., Jennifer C. Rood, Ph.D., Lilian de Jonge, Ph.D., Frank L. Greenway, M.D., Catherine M. Loria, Ph.D., Eva Obarzanek, Ph.D., and Donald A. Williamson, Ph.D.
N Engl J Med. Author manuscript; available in PMC 2009 Oct 19.
Published in final edited form as:
N Engl J Med. 2009 Feb 26; 360(9): 859–873.
doi: 10.1056/NEJMoa0804748

③ Role of Baseline Leptin and Ghrelin Levels on Body Weight and Fat Mass Changes after an Energy-Restricted Diet Intervention in Obese Women: Effects on Energy Metabolism
Idoia Labayen, Francisco B. Ortega, Jonatan R. Ruiz, Arrate Lasa, Edurne Simón, Javier Margareto
The Journal of Clinical Endocrinology & Metabolism, Volume 96, Issue 6, 1 June 2011, Pages E996–E1000, https://doi.org/10.1210/jc.2010-3006
Published: 01 June 2011

④ Fueling the obesity epidemic? Artificially sweetened beverage use and long-term weight gain
Sharon P Fowler , Ken Williams, Roy G Resendez, Kelly J Hunt, Helen P Hazuda, Michael P Stern
2008 Aug;16(8):1894-900. doi: 10.1038/oby.2008.284. Epub 2008 Jun 5

⑤ Artificial sweeteners as a sugar substitute: Are they really safe?
Arun Sharma, S. Amarnath, M. Thulasimani, and S. Ramaswamy
Indian J Pharmacol. 2016 May-Jun; 48(3): 237–240.

⑥ Effect of artificial sweeteners on insulin resistance among type-2 diabetes mellitus patients
Kushagra Mathur, Rajat Kumar Agrawal, Shailesh Nagpure, and Deepali Deshpande
J Family Med Prim Care. 2020 Jan; 9(1): 69–71.
Published online 2020 Jan 28. doi: 10.4103/jfmpc.jfmpc_329_19

⑦ Effect of Low-Fat vs Low-Carbohydrate Diet on 12-Month Weight Loss in Overweight Adults and the Association With Genotype Pattern or Insulin Secretion
The DIETFITS Randomized Clinical Trial
Christopher D. Gardner, PhD; John F. Trepanowski, PhD; Liana C. Del Gobbo, PhD; et al
February 20, 2018

⑧ Low Carbohydrate and Low Fat Diets with Equal Protein Content Lead to Similar Improvements in Body Composition and Glucose Tolerance in Obese Mice subjected to Caloric Restriction
Petras Minderis, Andrej Fokin, Mantas Dirmontas, Aivaras Ratkevicius
doi: https://doi.org/10.1101/830752

⑨ Ghrelin: much more than a hunger hormone
Geetali Pradhan, Susan L. Samson, and Yuxiang Sun
Curr Opin Clin Nutr Metab Care. Author manuscript; available in PMC 2014 Jun 9.
Published in final edited form as:
Curr Opin Clin Nutr Metab Care. 2013 Nov; 16(6): 619–624.
doi: 10.1097/MCO.0b013e328365b9be

⑩ The effects of a low-carbohydrate ketogenic diet and a low-fat diet on mood, hunger, and other self-reported symptoms
F Joseph McClernon , William S Yancy Jr, Jacqueline A Eberstein, Robert C Atkins, Eric C Westman
2007 Jan;15(1):182-7.
doi: 10.1038/oby.2007.516.

⑪ A systematic review of dietary protein during caloric restriction in resistance trained lean athletes: a case for higher intakes
Eric R Helms , Caryn Zinn, David S Rowlands, Scott R Brown
2014 Apr;24(2):127-38. doi: 10.1123/ijsnem.2013-0054. Epub 2013 Oct 2.

⑫ ISSN exercise & sport nutrition review: research & recommendations
Richard B Kreider, Colin D Wilborn, Lem Taylor, Bill Campbell, Anthony L Almada, Rick Collins, Mathew Cooke, Conrad P Earnest, Mike Greenwood, Douglas S Kalman, Chad M Kerksick, Susan M Kleiner, Brian Leutholtz, Hector Lopez, Lonnie M Lowery, Ron Mendel, Abbie Smith, Marie Spano, Robert Wildman, Darryn S Willoughby, Tim N Ziegenfuss & Jose Antonio
Journal of the International Society of Sports Nutrition volume 7, Article number: 7 (2010)

⑬ International society of sports nutrition position stand: diets and body composition
Alan A. Aragon, Brad J. Schoenfeld, Robert Wildman, Susan Kleiner, Trisha VanDusseldorp, Lem Taylor, Conrad P. Earnest, Paul J. Arciero, Colin Wilborn, Douglas S. Kalman, Jeffrey R. Stout, Darryn S. Willoughby, Bill Campbell, Shawn M. Arent, Laurent Bannock, Abbie E. Smith-Ryan & Jose Antonio
Journal of the International Society of Sports Nutrition volume 14, Article number: 16 (2017)

⑭ Adverse Effects Associated with Protein Intake above the Recommended Dietary Allowance for Adults
Ioannis Delimaris
ISRN Nutr. 2013; 2013: 126929.
Published online 2013 Jul 18. doi: 10.5402/2013/126929

⑮ Obesity and insulin resistance
Barbara B. Kahn and Jeffrey S. Flier
J Clin Invest. 2000 Aug 15; 106(4): 473–481.
doi: 10.1172/JCI10842

⑯ 日本食品標準成分表2020年版（八訂）
文部科学省

⑰ Selenium–Fascinating Microelement, Properties and Sources in Food
Marek Kieliszek
Molecules. 2019 Apr; 24(7): 1298.
Published online 2019 Apr 3. doi: 10.3390/molecules24071298

⑱ The Unintended Consequences of a Gluten-Free Diet
Catherine M. Bulka, MPH, Matthew A. Davis, PhD, Margaret R. Karagas, PhD, Habibul Ahsan, MD, MMedSc, and Maria Argos, PhD,
Epidemiology. Author manuscript; available in PMC 2018 May 1.
Published in final edited form as:
Epidemiology. 2017 May; 28(3): e24–e25.
doi: 10.1097/EDE.0000000000000640

CHAPTER 2

# 最短距離で進む減量のための予備知識

SECTION 01

# 脂肪燃焼サプリメントの真実

## 「ファットバーナー」とは？

「ファットバーナー／脂肪燃焼系サプリメント」。減量をしたことがある方にとってはなじみのある言葉ではないでしょうか。この単語で検索をかけてみると、実に多くのサプリメントがヒットします。中には、「飲むだけで痩せる！」、「体脂肪がどんどん燃える！」という謳い文句が躍る商品があるかもしれません。

結論、ダイエットにも筋肥大にも、「これさえ飲めば痩せる！　筋肉がつく！」という魔法のようなサプリは存在しません。寝て、翌朝起きたら10kg痩せて腹筋がバキバキになっていた、なんてことはまずありません。

ファットバーナーとは直訳すると「脂肪を燃やすもの」になりますが、サプリメントとして販売されているそれらは、脂質をエネルギーに変換するときに必要な生理学的な働きを持つ栄養素の一つ、もしくはその栄養素の集合体を指します。

それを摂れば体脂肪がエネルギーとして使われて必ず体重が落ちる、というものではありません。これまで説明してきた通り、体脂肪を落とすには次の3つのアプローチが重要です。

1：アンダーカロリーになるような摂取カロリーの設定
2：PFCバランス
3：食材と摂取タイミング等

特に1と2ができていない人がファットバーナー系のサプリメントを摂ったとしても、体重が落ちていくことはほぼありません。食事をしっかりと考え、実行した上でのさらなる補足＝サプリメントです。イメージとしては、「食事管理」という名の自転車を必死に漕いでいるとき、追い風となって背中を押してくれるのがファットバーナーです。自転車を漕ぐのは、あくまでも自分自身です。

## 絞れている人には効果がない？

ファットバーナーとして販売されているものの中には、その効果が科学的根拠で裏づけされるものもあります。「○○の研究で××％の体脂肪の減少が確認できました！」という宣伝文句をサプリメントの広告で見かけることは珍しくありません。一見すると説得力のある文言ですが、これには注意が必要です。

科学的根拠や研究と言っても、体脂肪を4％まで削ったような人があと1％を削る際に作用するのかと考えると、懐疑的なところがあります。

ここで押さえておきたい事実があります。こうした実験の多くは第三者機関ではなく、そのサプリメントで利益を生もうとしている企業が直接または間接的に行っていることがあります。ある程度の予算をかけて研究を行う以上、その企業は利益につながる結果を望みます。

ただし、実際に出てきた研究結果を自分たちの都合のいいように改ざんするわけにはいきません。

そこで、比較的結果が出やすい被験者を選ぶ傾向にあります。ここで言う「結果が出やすい人」とは、それなりに体脂肪がある方のことです。

実際に、ファットバーナーにまつわる研究では、BMIが30以上、体脂肪率30％以上の人が被験者となる場合がほとんどです。一言で言えば、肥満もしくは肥満気味の方が被験者になっているのです。運動習慣がない方、もしくは少ない方、そもそも肥満という方がファットバーナーを摂ることで体脂肪が減少するエビデンスは確立されてきています。

しかしながら、すでに減量がある程度進んでいる人、体脂肪率が低い状態にある人がファットバーナーを摂ってポジティブな働きを得られるかどうか、そこには未知数の部分があります。

それなりに体脂肪がある方への効果が認められているのならば、減量の後期よりも、むしろ初期に摂取したほうがその働きを期待できると言えます。序盤からスムーズに落ちていき、スタートダッシュをかけることで精神的に楽な状態で減量を進められるかもしれません。また、バルクアップするときに余分な脂肪をつけないために摂取するというのもありでしょう。

ファットバーナーに関しては、科学的根拠があるからと妄信せず、まずは自分で試してみましょう。そして、それが身体に合った、減量が進んだのであれば、摂取を継続。あまり効果を実感できない、効いているのかよく分からないのであれば、ほかのメーカーのものに変えたり、摂取をやめたりするのが賢いつき合い方だと言えます。

## 優先順位の高いファットバーナー3選

関連動画はこちらから

中には、「これは積極的に摂ることによって働きが期待できる」というものがあります。ファットバーナーと言えば、メジャーなところでは「ＣＬＡ」、「カルニチン」、「アルファリポ酸」などがよく語られます。広義の意味では「カフェイン」もファットバーナーに該当します。実際にダイエットを始める際には、そうしたサプリメントを購入する方が多いのではないでしょうか。

ここでは、あまり目立たないかもしれませんが、実は体脂肪の減少が期待できる栄養素3つをその理由とともに紹介します。

## 〈ビタミンB2〉

体脂肪がエネルギーとして使われないことには、いくら頑張ったところでその総量は減りません。

この脂質の代謝で重要な働きを担っているのがビタミンB群、特にビタミンB2（リボフラビン）です。ビタミンB2が不足していると、どんなに高価なファットバーナーを摂ったところで、体脂肪をもとにしてエネルギーをつくり出す工場自体が正常に動きにくい状態にあります。それだけでなく、インスリン抵抗性を高めてしまうことによる肥満への影響がビタミンB2の欠乏症状として報告されています（参考文献⑲）。

脂質代謝の基礎として、ビタミンB2（以降、B2と記載）は絶対に無視できません。

ビタミンの中には、ビタミンDのように日光を浴びることによって皮膚でつくられるものがありますが、そのほとんどは体内でつくることはできません。つまり、食事などで外部から補う必要があります。

中でもB2は、脂質代謝以外にも、爪、皮膚、粘膜など、細胞を形成する上で重要な役割を持っており、「発育ビタミン」とも呼ばれています（参考文献⑳）。

「ＡＴＰ※」という言葉を聞いたことがあるでしょうか。「ＡＴＰ」とは、エネルギーのもととなる物質で、私たちの身体はこのＡＴＰがバーンと分解されるときに発生するエネルギーで動いています。

体脂肪はいきなりエネルギーになるのではなく、脂肪酸とグリセロールに分解されて血中に放出され、その脂肪酸が細胞内にあるミトコンドリアに運ばれてＡＴＰがつくられます。ミトコンドリアは、エネルギーをつくるまさに工場の役割を担っているのです（図3）。

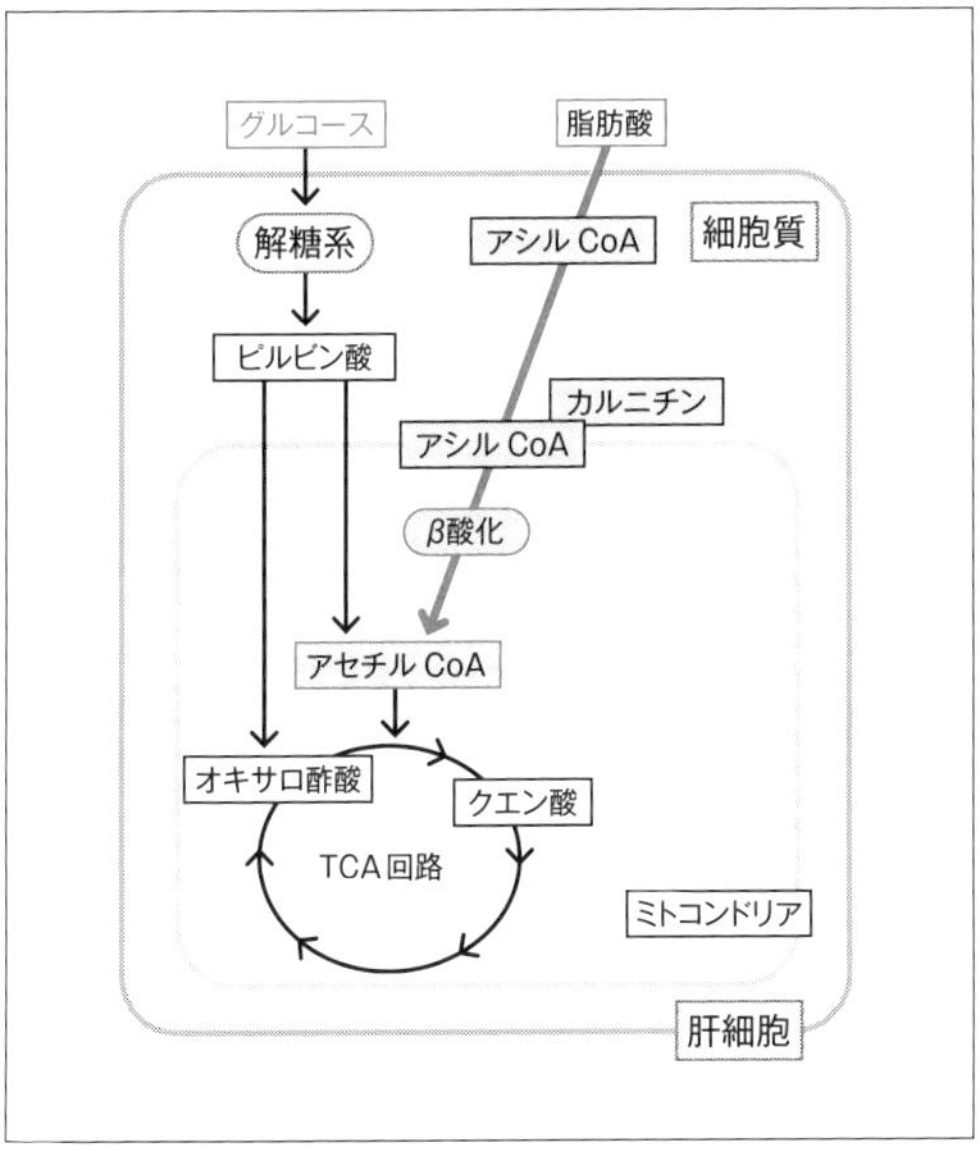


図3　糖質と脂質の代謝メカニズム

## 体脂肪→脂肪酸→ATP

つまり、私たちが摂取したエネルギー源は、Ａにいったん変換され、それがＢに変わり、ＢからＣに代謝され、といった過程を経て最後にＡＴＰになります。その「ＡからＢ、ＢからＣ」と変換されるときに補酵素として働く

※ATP（アデノシン三リン酸）…筋肉の収縮など、生命活動で利用されるエネルギーの貯蔵・利用にかかわる。ATP分解酵素の働きによってATPが加水分解すると、ADP(アデノシン二リン酸)と無機リン酸に分かれ、その際にエネルギーを放出する。このエネルギーを使い、筋の収縮が行われる

のがB2です。

「補酵素」。またもや難しい単語が出てきました。ミトコンドリアが工場とすれば、そこで働く従業員が代謝酵素※。補酵素とは従業員が着るユニフォームや入校証のようなものです。マンパワーがあって、仕事のスキルを持っている従業員がいくらいたとしても、ユニフォームや入校証がないと工場内で働けません。つまり、たとえ脂肪酸に分解して、カルニチンなどの脂肪酸をミトコンドリアに運ぶファットバーナーを摂ったとしても、補酵素がないとATPをつくるところまではたどりつかないのです。（P67図4）。

B2は海苔、ナッツ、うなぎ、レバーなどの食事から摂ることが可能です。ビタミンB群はそれぞれが補いながら体内で働く面があるので、「ビタミンBコンプレックス」というB群の栄養素がバランスよくパッケージされたサプリメントを摂る選択肢もあります。

〈ヘム鉄〉

これも意外と思われるかもしれません。外部から摂取したビタミンB2が体内で補酵素として働くときは、もとの状態から補酵素型に変化して初めて働ける状態になります。そこで必要となるのが鉄、特にヘム鉄です。ヘム鉄は、脂質の代謝に欠かせ

※**代謝酵素**…消化酵素によって分解された栄養素に反応して代謝物をつくるための酵素

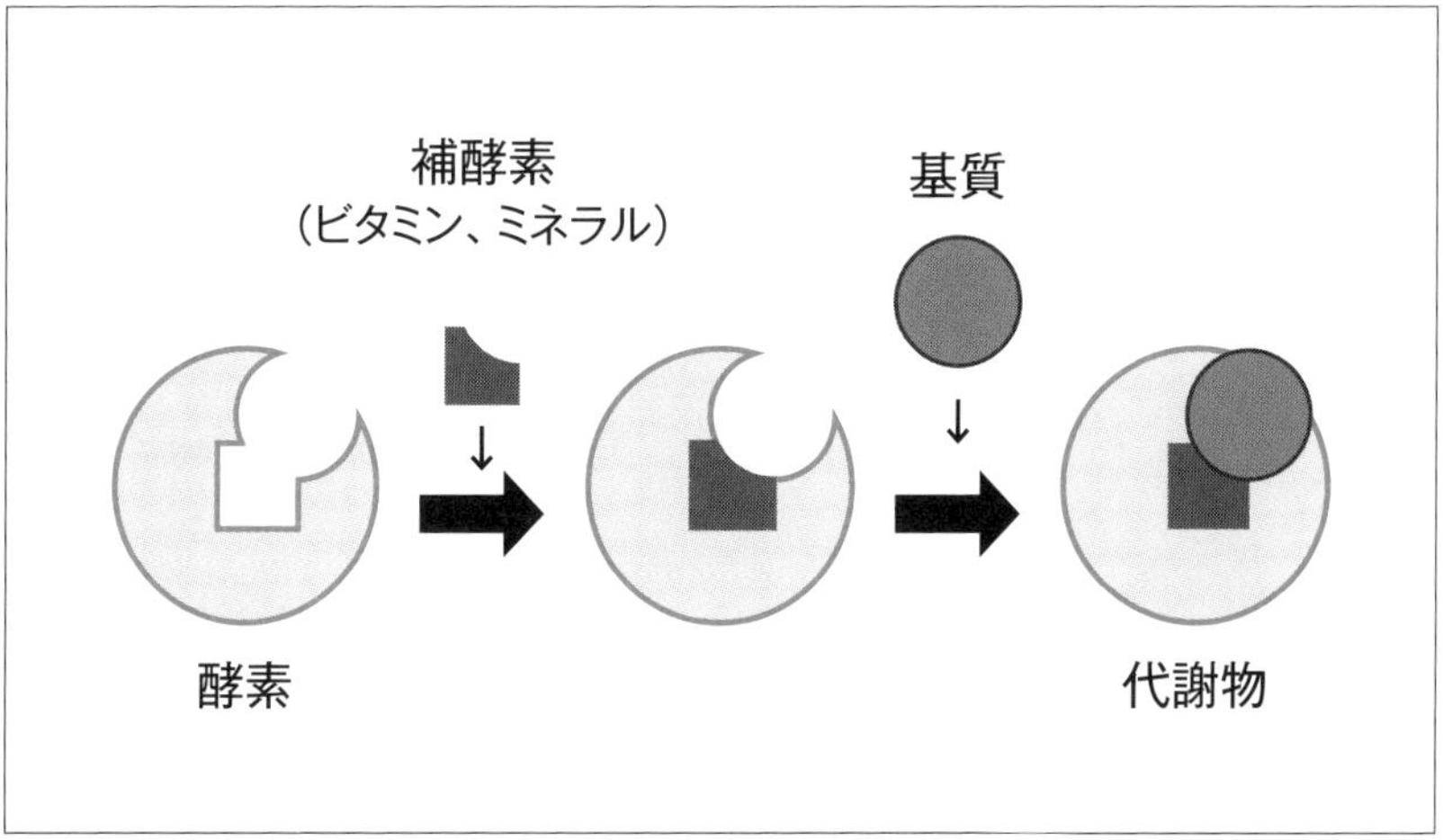


図4 酵素、補酵素、基質の動き (イメージ図)

ない酸素を運搬するなど、ほかにも様々な役割を担っています。

ミネラルの「鉄」には、大きく分けると「へム鉄」と「非へム鉄」の2種類があります。へム鉄は動物性、非へム鉄は植物性のものに多く含まれています。日本人の鉄の主な摂取源が植物性食品である(参考文献㉑、㉒)ことからも、ここではへム鉄の積極的な摂取を考えたいところです。

一日の摂取量は、鉄全体で男性7・5mg、女性10・5mgが目安になります(参考文献㉑、㉒)。ハードにトレーニングをしている人であれば、汗から排出されやすいので、多めに摂っても問題はありません。

へム鉄は食事から摂取することが十分可能ですし、サプリメントとしても販売されています。ただし、鉄分は体内に吸収されるパーセンテージが非常に低い（吸収率はヘム鉄で50％、非ヘム鉄で15％程度）ミネラルです。もしサプリメントを選ぶのであれば、アミノ酸等で周りを包んだ「キレート加工」など、吸収されやすいように工夫が施されているものがいいでしょう。

## 〈EGCg〉

この言葉だけを聞くと、何のことだかよく分からない方がほとんどだと思います。しかし、これは日本人にはなじみがとても深いもので、誰でも一度は口にしたことがあるでしょう。

EGCgの正体は、「緑茶」に含まれる「カテキン／ポリフェノール」です。「水分は多く摂ったほうがいい」とよく言われます。消化や吸収、脂肪の分解、エネルギーをつくるための反応など、体内で起こるそれぞれのプロセスには、化学的な反応が関わっています。そうした化学反応の多くには水（$H_2O$）が必要で、スポーツをしている方なら、夏場だと多い人で4ℓ〜6ℓ、ボディビルダーの場合は8ℓくらい飲む選手もいます。このうちの500㎖〜1・5ℓほどは緑茶で補ってもいいのではないかというのが、ここでの提案になります。

緑茶の主成分であるカテキンを400㎎〜600㎎、平均すると531㎎の摂取を約3カ月続けると、体脂肪が900gほど減少するというデータが明らかになりました。これは、運動したり、食生活を変えたりなどの体脂肪を減らす要因を排除し、カテキンを摂取するだけで体脂肪がどう変化するのを観察した実験（参考文献㉓）によるものです。

毎日お茶を飲むだけで本当に痩せるのでしょうか。にわかには信じがたい話です。なぜ、カテキンが体脂肪を蓄積させないことに寄与するのか、もしくは体脂肪の減少を誘発するのか、そのメカニズムは次の2つです。

## ・褐色脂肪細胞の活性化および増加への働き

褐色脂肪細胞は、身体を温める熱エネルギーを生み出す脂肪細胞の一つです。この褐色脂肪細胞が活性化したら、もしくは増えたら、身体にどのような影響があるのでしょうか。一つ考えられるのは、食事誘発性熱産生（DIT）を増やすことです。褐色脂肪細胞が増えることによって食事誘発性熱産生する、つまり消化の際により多くのカロリーが使われるようになるのではないかというのが、一つの仮説（参考文献㉔）です。

## ・脂質のエネルギー化をスムーズにできる

体脂肪はいくつかの変換を経てＡＴＰになり、最終的にエネルギーがつくり出されます。カテキンはその過程を活性化し、ＡＴＰを脂質からエネルギーとして合理的につくり出せるようにします。従業員たちが働きやすい環境をつくるイメージです。

この働きを特に持っているのが、カテキンの中の「エピガロカテキンガレート」というもので、これがここでの主役の「ＥＧＣｇ」です。

緑茶カテキンと一言で言っても、その種類としてはエピカテキン（ＥＣ）、エピガロカテキン（ＥＧＣ）、エピカテキンガレート（ＥＣｇ）、そしてエピガロカテキンガレート（ＥＧＣｇ）の４つがあります。この中で抗酸化作用や脂肪燃焼作用が特に強いカテキンがエピガロカテキンガレートです。前述した通り、エピガロカテキンガレートを３カ月間、初期は１４２mg、後期は１２００mg、平均値で約５００mgほど摂取を続けることで体脂肪が平均９００ｇ減少したというデータがあります（参考文献㉔）。

しかし、この結論を鵜呑みにして、緑茶ばかり飲むと勝手に痩せるのかと言えば、そうではありません。

まず、消費カロリーが摂取カロリーを下回っている、オーバーカロリーの状態で体脂肪が減って体重が落ちることは基本的に起こりません。しっかりと食事を管理し、並行して運動を行い、アンダーカロリーの状態にすることがまずは必要です。

また、エピガロカテキンガレートによる脂肪燃焼の働きは、アジアの人よりも欧州の人のほうが大きいとの報告がありますが、研究対象者のほとんどはＢＭＩが28以上の人です。

そして、あまりにも多くの緑茶を摂取すると、カフェインの過剰摂取のリスクが出てきます。厚生労働省で発表されている一日のカフェイン摂取量の上限は400㎎ほどです。緑茶にはカフェインが含まれており、玉露100㎖あたり160㎎、抹茶で48㎎、煎茶、ほうじ茶で20㎎、番茶、玄米茶で10㎎ほどになります。

こうしたカフェインの量を考慮すると、緑茶を飲む場合、多くても一日1ℓから1・5ℓくらいが上限になります。もちろん、この量はカフェイン耐性の強い人か弱い人かで変わってきます。

このエピガロカテキンガレートは脂肪を減らす働き以外にも、高い集中力を維持できるようになるなどのメリットがあります。また、緑茶と言うと、カテキンの働きがクローズアップされがちですが、ほかにも優秀な微量栄養素が含まれています。減量をしている人も、そうでない人も、水分補給の選択肢の一つに入れておいていいのではないでしょうか。

SECTION 02

# いい脂質と悪い脂質

## 飽和脂肪酸はダメで、不飽和脂肪酸がいい？

関連動画はこちらから

「〇〇には身体にいい脂質が豊富に含まれているので、積極的に摂りましょう！」という触れ込みをテレビやネットで耳にしたことがあるかと思います。巷では、「いい脂質と悪い脂質」というフレーズがたびたび飛び交いますが、そもそも脂質にいいも悪いもあるのでしょうか。

〝いい脂質〟の一つとよく語られるものに「不飽和脂肪酸」があります。不飽和脂肪酸は身体によく、飽和脂肪酸は身体に悪いというのが、一般的に広まっている認識ですが、実はこれ、一概にそうとは言いきれないのです。

身体に悪いと紹介されることが多い「飽和脂肪酸」には「短鎖脂肪酸」、「中鎖脂肪酸」、「長鎖脂肪酸」があります。そして、「不飽和脂肪酸」には「オメガ9（一価不飽和脂肪酸）」のほかに、必須脂肪酸と言われる「オメガ3」や「オメガ6」（ともに多価不飽和脂肪酸）があります。

どの脂肪酸も体内で何らかの役割を持っています。しかし、適量を超えた摂取においては、身体にとってマイナスに働くことがあります。「この脂肪酸だけを摂っておけばいい」というものは基本的にはありません。飽和脂肪酸をゼロにして不飽和脂肪酸だけを摂っておけばいいのかと言えば、そんなことはないのです。

## 「中鎖脂肪酸」と「長鎖脂肪酸」の違い

飽和脂肪酸には「短鎖脂肪酸」、「中鎖脂肪酸」、「長鎖脂肪酸」の3つがありますが、短鎖脂肪酸は食事からの摂取が難しいため、身体に入ってくる飽和脂肪酸は、たいていの場合が「中鎖脂肪酸」か「長鎖脂肪酸」のどちらかになります。それぞれ名前に「鎖」の文字が入っている通り、脂肪酸は炭素が鎖のようにつながってできており、その鎖の長さから「中鎖脂肪酸」や「長鎖脂肪酸」などに分類されます。

近年「MCTオイル」という言葉がメジャーになってきましたが、MCTとはMedium Chain Triglyceride、すなわち中鎖中性脂肪の頭文字を取った言葉です。

MCTオイルなどに含まれる中鎖脂肪酸は、身体にいい影響をもたらす飽和脂肪酸と言われています。本来、脂質をエネルギーとして使うときは、ミトコンドリアの手前まで運んできた脂肪酸をカルニチン※というアミノ酸によってミトコンドリア内

※カルニチン…脂肪酸をミトコンドリアに運搬する働きを持つアミノ酸

（エネルギーをつくる工場）に運ぶ必要があります。その際、体内にカルニチンが不足していると、体脂肪がたくさんあっても、エネルギーをつくりにくいという問題があります。しかし、中鎖脂肪酸のエネルギー化にカルニチンは必要ないため、より効率的にエネルギーをつくり出すことが可能です（参考文献㉕）。

一方、長鎖脂肪酸は、体内をゆっくりと移動し、時間をかけてエネルギーに変換されます。エネルギーになるまでに時間がかかるため、体脂肪として貯蔵されやすいという特徴があります。あまり多く摂りすぎると、ＬＤＬ（悪玉）コレステロールを増加させ、心筋梗塞などのリスクを高めてしまう（参考文献㉖）ため、一日の総摂取カロリーに対しての飽和脂肪酸の割合は７％以下にとどめるべきとされています（参考文献㉗）。しかし、飽和脂肪酸がすべて「悪」かと言えば、そんなことはないのです。

## オメガ3のサプリメントは本当に必要なのか？

関連動画はこちらから

これも衝撃の事実かもしれませんが、減量中にオメガ3を積極的に摂っても、脂肪減少という面ではあまり意味がないかもしれません。ダイエットに活用されることが多い「フィッシュオイル」。この単語を聞いて多くの人が思い描くのは、「ＤＨＡ※」や「ＥＰＡ※」ではないでしょうか。

しかし、コンビニや薬局で販売されているフィッシュオイルやオメガ3系のサプリ

※DHA…Docosahexaenoic Acid（ドコサヘキサエン酸）。体内では合成できない必須脂肪酸の一つ
※EPA…Eicosapentaenoic Acid（エイコサペンタエン酸）。DHA同様、必須脂肪酸の一つで、ともに青魚などに多く含まれる

メントの大半は、DHAがメインでEPAがおまけのようなものが多いのです。

実は、DHAよりもEPAのほうが体脂肪の減少における効果が多く報告されている傾向にあります（参考文献㉘）。体脂肪をエネルギー化するメカニズムは体内にいくつか存在します。その中で、体脂肪を熱エネルギーに変える役割を担っている細胞の一つが「マージ（Marge）細胞」です。このマージ細胞を増やす働きがEPAにはあるのです（参考文献㉙）。

フィッシュオイルを摂ることでEPAを体内に取り入れ、それによってマージ細胞が増えて体脂肪の減少が促進される可能性が十分に期待できます。

しかしながら、市販されているオメガ3の大部分を構成するDHAには、マージ細胞を増やす効果はあまり報告されていません。

つまり、フィッシュオイルを選ぶ際に注意すべき点は、EPAとDHAの比率になります。安価なものだと、DHAが4に対してEPAが1～2といったものが多いのです。体脂肪を減らす目的で選ぶならば、EPAがDHAの倍以上入っているものが望ましいでしょう。

## アーモンドという選択肢はあり？

関連動画はこちらから

良質な脂質を摂取することを目的として、ダイエット中にアーモンド、カシューナッツ、クルミなどを食べるという人は多いでしょう。もしあなたが食事管理をしていて、小腹が空いたときにそれらを活用しているようなら、少し考え直したほうがいいかもしれません。

もちろん、絶対に食べてはいけないわけではありません。摂取カロリーを設定し、PFCバランスも決めて、その枠内に収まっているのであれば、食べても問題はありません。

ただ、一見すると健康そうだから積極的に食べるべきものなのかと言えば、そこには疑問符がつきます。優先順位を考えれば、それほど上位にくるものではないというのが、ここでの結論です。

アーモンド、カシューナッツ、クルミなどには良質な脂肪が含まれていて、ビタミン、ミネラルも豊富というイメージがあるかもしれません。では、実際にアーモンド120gの成分を見てみましょう。アーモンド10粒でおよそ12gと仮定すると、これは10粒を10回摂ったときの量になります。

タンパク質23・04g：脂質64・32g：炭水化物26・76g：総カロリー：727kcal

PFCバランスを見ると、脂質が多く、タンパク質はそこまで多くありません。糖質はそこまで少なくありません。メリットとしては、微量栄養素として身体にとって必要な（メリットのある）ビタミン、ミネラルが豊富に含まれていることが挙げられます。また、120gあたり14gほどの食物繊維を含んでいるところも減量においてはプラスの要素です。

ただし、アーモンドの脂肪には、良質な脂質と聞いて連想されるオメガ3や中鎖脂肪酸はあまり含まれていません。脂質64・32gにおける脂肪酸の量は61・6gです。そのうち、飽和脂肪酸は4・91gで、ほとんどが中鎖脂肪酸ではありません。

不飽和脂肪酸の中で最も多いのがオレイン酸※中心の一価不飽和脂肪酸（オメガ9）で、これが41・72g。全体の脂質の6〜7割を占めています。残りの15gほどが多価不飽和脂肪酸（オメガ6とオメガ3）ですが、その中でオメガ3は0・01g程度。つまり、多価不飽和脂肪酸のほとんどがオメガ6なのです。

もちろん、オメガ6もオメガ9も適量であれば、身体にとってポジティブな働きをします。しかしながら、一般的な食生活でオメガ9やオメガ6が過度に不足することはあまり起こり得ません。

カシューナッツやクルミも、ほぼ同じようなPFCバランスになっています。中にはオメガ3が多く含まれるものもありますが、全体の脂質量に対して、本当に多いと言いきっていいのかは疑問です。ほかの栄養素同様、適量の摂取やケトジェニックダイエット中であれば問題ありませんが、減量があまり進まないが、おやつはナッツ類を食べているという方は、そのアーモンドに原因があるかもしれません。

※**オレイン酸**…不飽和脂肪酸の一種で、一価不飽和脂肪酸に分類される脂。オリーブオイルなどに多く含まれる

SECTION 03

# 減量中の筋分解を極限まで抑える

関連動画はこちらから

## 筋肉の量はいかにして決まるのか?

痩せたい、体脂肪を落としたいと思ったきっかけは、かっこいい身体になりたいから、きれいになりたいから、健康でいたいから、といったところが主だと思います。

体脂肪が落ちたのはいいが、筋肉まで落ちてしまった、これでは、メリハリのある「かっこいい身体」や「きれいな身体」からは遠ざかってしまうかもしれません。絞ったあとにペラッペラな身体にならないために最も重要なのは、「筋肉」をできるだけ残しながら体脂肪を削ることです。

落としたいのはあくまでも体脂肪で、筋肉ではないのです。では、筋肉はどうすれば増え、どうすれば減るのでしょうか。トレーニングをしている方ならば、「アナボリック」や「カタボリック」という言葉を一度は聞いたことがあるはずです。多くのトレーニーの大好物と言える単語が「アナボリック」であり、毛嫌いされているのが「カタボリック」でしょう。

これは身体づくりの基本のおさらいにもなる話ですが、筋肉が合成される作用をアナボリズム（同化作用）、筋肉が分解される作用をカタボリズム（異化作用）と言います。「筋肉が分解される」とは、何とも恐ろしい響きです。

私たちの身体の中では、同化作用と異化作用が常に起こり、綱引きをするように、両者が共存しています。その綱引きで同化作用が優位なときに筋肉が増え、異化作用が優位なときに筋肉が減ります。

同化作用 ＞ 異化作用 → 筋肉が増える
同化作用 ＜ 異化作用 → 筋肉が減る

綱を引っ張るのを片方が完全にやめることはありません。身体の生理機能は複雑で、両者の働きは常に拮抗した関係にあります。筋肉の量はそのバランスによって決まっていくのですが、筋肉が減る原因は、大きく分けると次の3つになります。

- 同化作用が弱くなるとき
- 異化作用が強くなるとき
- その両方が起こっているとき

「筋肉量が減る」ことに恐怖感を覚えるトレーニーやダイエッターは多いはずですが、そうなる原因はこの3つしかありません。原因さえ特定できれば、解決策はおのずと見えてくるはずです。

## 筋肉が分解される原因

関連動画はこちらから

ダイエット中はアンダーカロリー、つまり「摂取カロリー＜消費カロリー」の状態にあります。摂取したカロリーよりも消費するカロリーのほうが多い状態では、同化作用よりも異化作用が勝りやすくなります（参考文献㉚）。

アンダーカロリーの状態では、入ってくるカロリーよりも出ていくカロリーのほうが多いので、足りないエネルギーを体内にある何かで補填しようとします。全て体脂肪だけで賄えればいいのですが、そんなにうまい話はやはりありません。足りない部分を体に蓄えている体脂肪、グリコーゲン、タンパク質（アミノ酸）で補っていくことになります。

トレーニングなどの瞬発的な運動をすると、主にグリコーゲンがエネルギーとして使われます。しかし、減量中で糖質が身体に入ってこない状態の場合、身体は「やばい！　エネルギーがなくなってしまう！」とばかりに、脂質や血液内を流れるアミノ酸、さらには筋肉を分解してアミノ酸を取り出し、それらで糖質をつくろうとします。

これが「**糖新生**」と言われる反応で、緊急事態が起き、いざというときのためにバックアップしていたエネルギーを利用せざるを得なくなったような状況です（参考文献㉛）。この糖新生が、筋肉が分解される最も大きな原因です。カロリー（特に糖質）を極端に制限した減量は糖新生を促進してしまうため、筋肉を残したいのならば、気をつけなければいけません。

## 血中アミノ酸濃度を高めよう

関連動画はこちらから

筋肉をつくるのに欠かせないのが、材料となるアミノ酸です。そして、身体にどれだけ材料が充足しているのかを示す指標の一つが、血中アミノ酸濃度です。口から入れたタンパク質は胃で消化され、アミノ酸に分解されて小腸から吸収され、血液に乗って身体の必要な場所に運ばれていきます。材料自体が不足していると、筋肉はつくられにくいものです。ということは、「同化作用が弱くなる」、「異化作用が強くなる」、そのどちらも防ぐためには、**血液中のアミノ酸の濃度を高くしておく必要**があります（参考文献㉜）。

ここでよく言われるのが、「血中アミノ酸濃度を一定に保つためにはこまめなアミノ酸（タンパク質）摂取が必要」ということです。例えば一日に２００ｇのタンパク質を摂るとします。その場合、１００ｇを２回摂るのではなく、50ｇを４回摂ったほうが筋肉を維持できるのではないかという考え方です。これは経験のあるトレーニーの間では一般的になっているセオリーです。しかし、実際はどうなのでしょうか。

同じタンパク質量を摂取頻度の異なる3グループ

A　1・5時間毎に10g、計8回
B　3時間毎に20g、計4回
C　6時間毎に40g、計2回
（いずれも合計は80g）

に摂取させ、筋タンパク合成効率を測定した研究（参考文献㉝）によると、20gを4回摂取させたグループが筋タンパク合成効率が最も高く、それに対して、10gのグループは−25%、40gのグループは−35%の平均値となりました。

この結果から、同じタンパク質量を摂るのであれば、2〜3時間毎に20g以上の摂取が有効と考えられます。

ハードなトレーニングをしている人や減量をしながら筋肉維持のために鍛えている方は、特に血中のアミノ酸が筋肉に運ばれたり、エネルギーとして使われたりするため、血中アミノ酸濃度が下がりやすくなります。一回あたりの摂取量を意識した上でアミノ酸（タンパク質）をこまめに摂取することは、筋肉を落とさないという目的において有効だと考えられます。現在は、プロテインドリンクやプロテインバーがコンビニなどで簡単に手に入ります。血中のアミノ酸濃度を維持することは、ちょっとした意識次第でできます。それほど難しくありません。

## 筋肉を減らす!? コルチゾールの正体

関連動画はこちらから

「カタボリック」と同様に、トレーニーから嫌われている言葉があります。「コルチゾール」です。これは筋肉の分解を促すホルモンで、身体が何らかのストレスを感じたときに分泌されるため、「ストレスホルモン」とも言われます。

**筋肉をつけたり、維持したりする上ではコルチゾールは敵**と考えられています。これが分泌されると、骨格筋（筋肉）に対する異化作用が働きます（参考文献㉞）。そのため、こんなホルモンはないほうがいいと感じる方がいるかもしれません。

しかし、人の身体にとって不要なものは体内ではつくられません。コルチゾールも、ちゃんと役割があって分泌されるのです。極端な言い方かもしれませんが、もしコルチゾールの分泌が完全にストップしたら、人は生きていられません。コルチゾールは筋肉にとってはネガティブな意味で語られることが多いのですが、身体全体で考えると、ポジティブな作用も持っているのです。

その作用の一つとして、体脂肪の分解が報告（参考文献㉟）されています。さらには、コルチゾールが分泌されると、アドレナリンの活性が高まり、心拍数が上がります。心拍数が上がることで血流が活発化し、動くために必要なエネルギーを身体中にスピーディーに送れるようになるのです。いわば、テストステロンやアドレナリンが攻撃系のホルモンだとしたら、コルチゾールは防衛系のホルモンと言えるかもしれません。原始の時代、人類がまだほかの動物から追われる立場にあった頃の名残として、動物に襲われた際にすぐに逃げられるようにコルチゾールが分泌されるという説があります。

コルチゾールは人にとって必要なホルモンです。ただし、筋肉を落としてしまう作用があるのは事実なので、タイミングによっては、分泌量を抑えつつ、上手につき合っていく必要があります。ここで、コルチゾール分泌のトリガーとなる原因を見ていきましょう。

## 〈長時間の運動〉

長時間のトレーニングはコルチゾールの分泌を活発化するとよく言われます。確かに、25分間のトレーニングと75分間のトレーニングを比較した場合、後者のほうがコルチゾールの分泌量が20%から30%ほど多かったという研究結果（参考文献㉟）が存在します。また、コルチゾールの分泌量が増えても、トレーニングによって得られる同化作用がその影響を上回るという議論があります。トレーニング中に扱う重量、レップ数、セット数などのトレーニングボリュームによっても変わるので、「何分を超えるとコルチゾールが多く分泌される」ということは一概には言えませんが、ある程度決められた時間内で追い込めば、コルチゾールの分泌を抑えることが期待できます。

## 〈過度の空腹〉

本来なら3時間～5時間くらいの間隔で食事を摂る予定だったのが仕事などの都合で7～8時間空いてしまったときなどは、外から栄養が入ってこない分、身体は筋肉を分解し、それをエネルギーとして使いやすくなります（糖新生）。そこでは、コルチゾールの分泌が関わってきます（参考文献㉞）。食間をできるだけ空けすぎず、3時間～5時間くらいの間隔で食事を摂るのが理想です。

## 〈不規則な睡眠習慣と睡眠不足〉

健康の基本は規則正しい生活リズムとはよく言ったもので、不規則な睡眠習慣と睡眠不足がコルチゾールの分泌に与える影響は非常に大きいのです。一日徹夜しただけでコルチゾールの分泌量が著しく増加したというデータ（参考文献㊱）があるほどです。コルチゾールの抑制を考えた場合、規則的な生活リズム、ある程度の睡眠時間、最低でも7時間ほどの睡眠時間を確保したいところです。

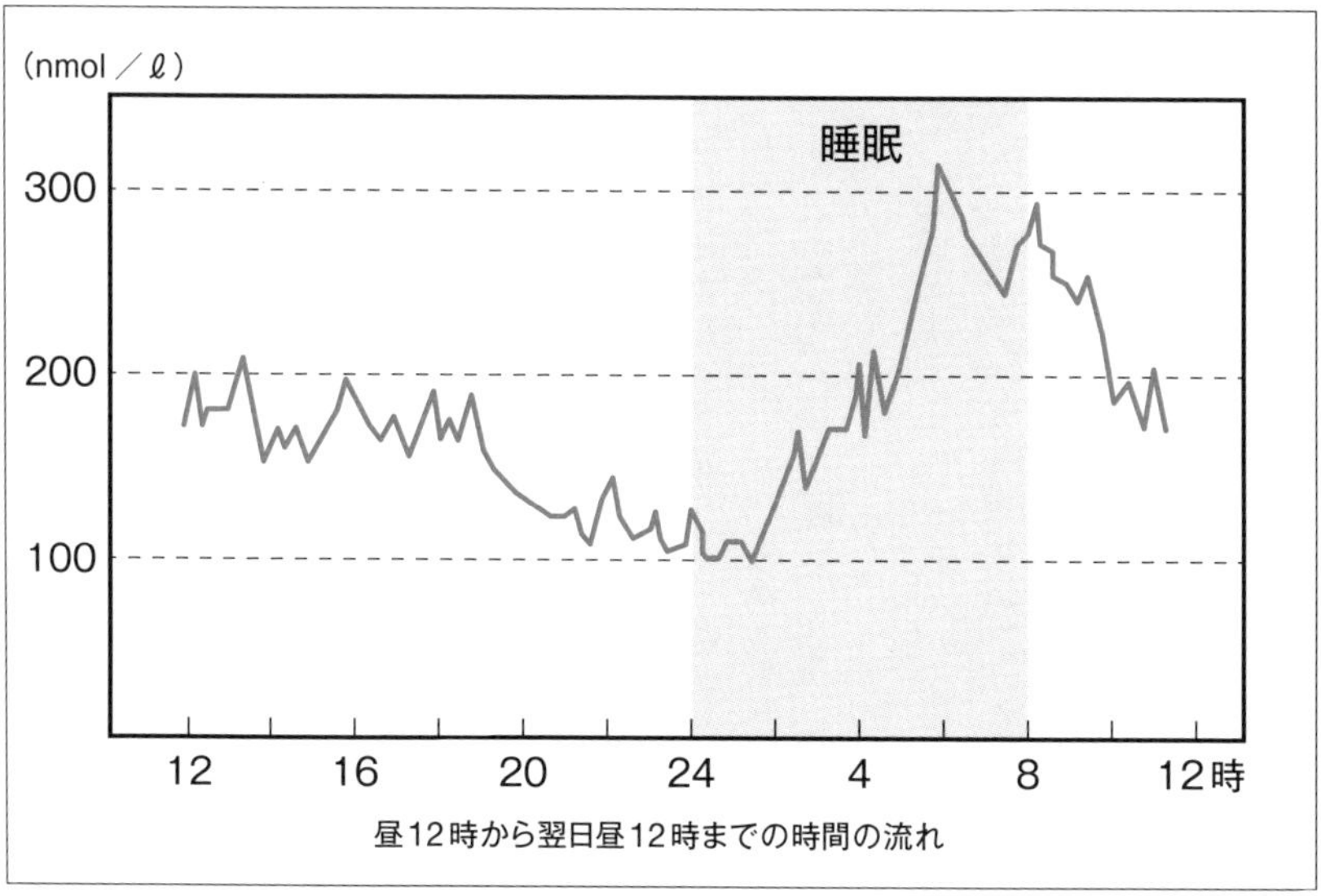


**図5**　コルチゾールの日内変動（引用元：参考文献㊲）

**〈朝〉**

コルチゾールの分泌量は、朝起きる直前が一日の中で一番多い状態にあります。起床後に受ける急な光や音の刺激などのストレスに対する準備をするために、目を覚ます直前に分泌されると言われています。

ここに、一日のコルチゾールの分泌量の変化を表したグラフがあります（**図5**）。

12時〜18時くらいの間が、平均的なコルチゾールの分泌レベルになります。これに対して寝る直前は半分程度にまで下がります。そこから睡眠に入り、起きる直前になると、平均レベルの1・5倍〜1・8倍程度と一気に高くなります。トレーニング直前にコルチゾールをなるべく増加させたくないのであれば、このデータは、どの時間にトレーニングを行うのがいいかについての一つの参考になるのではないでしょうか。

# 「『健康』でいることが結局は筋肉づくりにも貢献してくれるんです」

## コアラ小嵐選手

コアラ小嵐（こあら・こあらし）
1985年10月12日生まれ、兵庫県出身。2017年、東京オープン選手権75kg以下級でボディビル初挑戦。2021年、東京ノービス選手権75kg以下級で念願の優勝を果たした

筋肉系ユーチューバーとして活動し、2021年にボディビルコンテストで優勝したコアラ小嵐選手。お酒好きを公言している小嵐選手が、人生の楽しみとボディメイクを両立させるために実践していることとは？

### 増量中はカロリーもPFCバランスも気にせずに食べています

――コンテストに出るような方は食事を節制し、お酒の楽しさなども我慢している印象があります。

**小嵐**　僕はお酒は好きですね。もともとバーテンダーをやっていたんですが、何でそれをやっていたかと言うとお酒が好きだから。お酒を飲むのは僕の人生にとって大事なことの一つなんです。

――理論的にはお酒は筋肥大にとってよくないと言われています。しかし、コアラさんの場合は、筋トレと人生をいかに楽しむかをうまく両立させているイメージがあります。2021年にはボディビルで優勝しましたが、減量の過程でもお酒を飲んでいたんですよね？

**小嵐**　量は多少減らしたんですが、「飲んでても絞れるな」という感覚があったんです。それで、そのまま様子を見ながら「絞れなくなるまで飲んだろう」と思っていたら、結局、大会の前日まで飲んでいました(笑)。

――一般の人では考え難いです（笑）。大会の映像を見たところ、以前よりも筋肉を維持しながら減量を進めたような印象を受けました。

**小嵐**　筋肉がしぼんでいく感じはあまりなくて、トレーニングの強度がそこまで落ちなかったので、筋肉がいい感じに残せているなという体感がありましたね。

――そこは、増量期に筋肉量をいかに増やして蓄えておくかというところにも関係してくるかと思います。

**小嵐**　増量中はカロリーもＰＦＣバランスも気にせずに、食べたいもんを食べています。タンパク質と脂質をちょっとだけ意識的に摂るようにするくらいです。

――食事に関してはメンテナンスカロリーにプラスして５００kcal摂るといった具合に緻密に計算するのではなく、自身の感覚を頼りに進めていくのでしょうか？

**小嵐**　感覚ですね。僕はカロリー計算とかは苦手なんです。自分の摂取カロリーについては、普段は大体これくらいで、減量するときはこれくらい減らしてというのが何となく分かっています。ですから、「増やしたいんやったら、これくらい食べればいいよな」とか「これくらいの満足感で抑えておけば、そこまでは増えないよな」とか、そんな感覚で何となくやっています。

——これ以上は増やさないようにしようという、自分の中での基準はありますか？

**小嵐**　ないですね。もう増えるところまで増えたらええやんと思っているんで。体重を嫌でも結構増やしたときに、女性化乳房みたいになったことがあるんですよ。乳腺肥大を起こしているんじゃないかと病院に行って精密検査をして、結果を後日聞きに行ったら、「ただの脂肪ですって」（笑）。そうなるのはすごく嫌なんで、その手前でブレーキをかけているというのはあります。

## 基本的には食事で賄って、足りない部分だけサプリで補います

——サプリメントに関してはどうしていますか？

**小嵐**　プロテインとビタミン、ミネラルくらいです。最近は腸内環境にすごく気を使っています。あとは、胃が弱いっていうのもあって、消化剤とプロバイオティクス的なものを摂っています。

——その目的は、摂ったタンパク質をなるべく吸収することや、おなかを下さないことなどですか？

**小嵐**　そうです。筋肉づくりという面でももちろん重要だと思うんですが、その一歩手前の「健康」という部分で、自分自身が元気でハツラツと過ごせるような肉体を維持するために摂っています。それが結局は筋肉にもすごく貢献してくれるという体感があるんですよね。昔はグルタミンを飲んでいないと、風邪をよく引きよったんですけど、最近は腸内環境がよくなっているのか、グルタミンを摂らなくても特に問題はありません。プロテインは、肉や魚ばっかり食べてるとしんどくなってくるので、摂っておきたいというのがありますね。といっても、摂るのは一日に2回くらいです。基本的には食事で賄うようにして、足りない部分だけサプリで補うという基本的な考え方に則ってやっています。

――すごく健康的ですね、アルコールを除いては（笑）。

**小嵐**　お酒を飲むために、それ以外の健康に関わることは頑張ってケアしてあげるという感じです。

――一日あたりビールなら0・8杯くらい、これを週に4回くらい摂ると、血管疾患だけは予防できる可能性があるとする研究結果が出ています。

**小嵐**　0・8杯なんてお酒じゃないです。僕はそれでは満足できないので、お酒の害については妥協します。効率を求め出すと面白くなくなるんです。多分、僕は筋トレも非効率なやり方でやっていると思います。ルーティンとかを決めずに、自分が楽しめるようにやっているんで。健康にいいことばかりを追求したら、食事も楽しくなくなると思います。僕はダラダラやるのが性に合っている感じがします。

――お酒好きな方が、お酒を控えたり、食事をハードに管理したりするのは、一時的には頑張れても、一生続けるのは難しいと思います。

**小嵐**　一生続けられることがいいんじゃないかなっていう気がします。でも、これでQOLが高まっているのかと言えば、ちょっと微妙です。飲んでいるときは楽しいですけど、二日酔いになることを考えるとプラマイゼロやなと（笑）。

未公開部分を含む
特別編集版動画を公開中！

⑲ Vitamin B2 deficiency enhances the pro-inflammatory activity of adipocyte, consequences for insulin resistance and metabolic syndrome development
Agnieszka Mazur-Bialy, Ewa Pochec
April 2017 Life Sciences 178
DOI:10.1016/j.lfs.2017.04.010

⑳ Riboflavin (vitamin B-2) and health
Hilary J Powers
2003 Jun;77(6):1352-60. doi: 10.1093/ajcn/77.6.1352.

㉑ 厚生労働省「日本人の食事摂取基準（2020年版）」策定検討会報告書

㉒ 厚生労働省「日本人の食事摂取基準（2010年版）」

㉓ Green tea for weight loss and weight maintenance in overweight or obese adults
Tannis M Jurgens , Anne Marie Whelan, Lara Killian, Steve Doucette, Sara Kirk, Elizabeth Foy
2012 Dec 12;12:CD008650.
doi: 10.1002/14651858.CD008650.pub2.

㉔ EGCG Reduces Obesity and White Adipose Tissue Gain Partly Through AMPK Activation in Mice
Fang Li , Chen Gao , Ping Yan , Meng Zhang , Yinghao Wang , Yue Hu , Xiaoyun Wu , Xuanjun Wang , Jun Sheng
2018 Nov 22;9:1366. doi: 10.3389/fphar.2018.01366. eCollection 2018.

㉕ Research on the nutritional characteristics of medium-chain fatty acids
Tosiaki Aoyama , Naohisa Nosaka, Michio Kasai
2007 Aug;54(3-4):385-8. doi: 10.2152/jmi.54.385.

㉖ Saturated Fatty Acids and Cardiovascular Disease: Replacements for Saturated Fat to Reduce Cardiovascular Risk
Michelle A. Briggs,, Kristina S. Petersen, and Penny M. Kris-Etherton
Published online 2017 Jun 21. doi: 10.3390/healthcare5020029

㉗ 農林水産省「脂質による健康影響」
2020年4月27日

㉘ 血中中性脂肪値が高めの成人男女を対象としたエイコサペンタエン酸・ドコサヘキサエン酸含有飲料の12週間連続摂取による血中中性脂肪値低減効果および安全性の検討
藤本祐三、辻 智子、小笹英興、板倉弘重
日本臨床栄養学会雑誌 (0286-8202)33巻3-4号 Page120-135(2011.12)

㉙ Determination of Eicosapentaenoic, Docosahexaenoic, and Arachidonic Acids in Human Plasma by High-Performance Liquid Chromatography with Electrochemical Detection
Akira KOTANI, Mizuki WATANABE, Kazuhiro YAMAMOTO, Fumiyo KUSU, Hideki HAKAMATA
Department of Analytical,Chemistry,School of Pharmacy,Tokyo University of Pharmacy and Life Sciences,1432-1 Horinouchi,Hachioji,Tokyo 192-0392,Japan

㉚ Preserving Healthy Muscle during Weight Loss
Edda Cava, Nai Chien Yeat, and Bettina Mittendorfer
Published online 2017 May 5. doi: 10.3945/an.116.014506

㉛ Gluconeogenesis
J.H.Exton
Metabolism Volume 21, Issue 10, October 1972, Pages 945-990

㉜ Human Muscle Protein Synthesis is Modulated by Extracellular, Not Intramuscular Amino Acid Availability: A Dose-Response Study
Julien Bohé, Aili Low, Robert R Wolfe, and Michael J Rennie
2003 Oct 1; 552(Pt 1): 315–324.
Published online 2003 Aug 8. doi: 10.1113/jphysiol.2003.050674

㉝ Timing and distribution of protein ingestion during prolonged recovery from resistance exercise alters myofibrillar protein synthesis
José L. Areta,Louise M. Burke,Megan L. Ross,Donny M. Camera,Daniel W. D. West,Elizabeth M. Broad,Nikki A. Jeacocke,Daniel R. Moore,Trent Stellingwerff,Stuart M. Phillips,John A. Hawley,Vernon G. Coffey
The Journal of PhysiologyVolume 591, Issue 9 p. 2319-2331
First published: 05 March 2013

㉞ Physiology, Cortisol
Thau L, Gandhi J, Sharma S
Book from StatPearls Publishing, Treasure Island (FL), 12 Mar 2019
PMID: 30855827

㉟ β -Endorphin, Catecholamines, and Cortisol During Exhaustive Endurance Exercise
L. Schwarz, W. Kindermann
Int J Sports Med 1989; 10(5): 324-328
DOI: 10.1055/s-2007-1024922

㊱ Influence of sleep deprivation and circadian misalignment on cortisol, inflammatory markers, and cytokine balance
Kenneth P. Wright Jr, Amanda L. Drake, Danielle J. Frey, Monika Fleshner, Christopher A. Desouza, Claude Gronfier, Charles A. Czeisler
Brain, Behavior, and Immunity Volume 47, July 2015, Pages 24-34

㊲ Diurnal variation of cortisol, testosterone, and their ratio in apparently healthy males
L. Hayes, F. Grace, J. Kilgore, John D. Young, J. Baker less
Published 2012

CHAPTER 3

# 運動パフォーマンスを最大化せよ

SECTION 01

# 即効性のある栄養素／エルゴジェニックエイド

関連動画はこちらから

## エルゴジェニックエイドとは？

「サプリメント」、「スポーツニュートリション」、「エルゴジェニックエイド」。スポーツやフィットネスなどを実践しながら栄養についての興味を深めていくと、このような単語に必ず出くわします。

まず、「サプリメント」とは「栄養補助食品」と言われるもので、食事だけでは補えない栄養素を補助する食品です。ビタミン、ミネラル、プロテインなどが、「サプリメント」としてよく販売されています。

スポーツや運動のためにパフォーマンスを向上させたり、身体づくりに貢献したり、コンディションを整えたりする用途として、食事やサプリメントの中で使われる栄養素を総称して「スポーツニュートリション」とここでは定義します。身体づくりをしている方たちが言う「サプリメント」は、往々にして「スポーツニュートリション」のことを指す場合が多いでしょう。

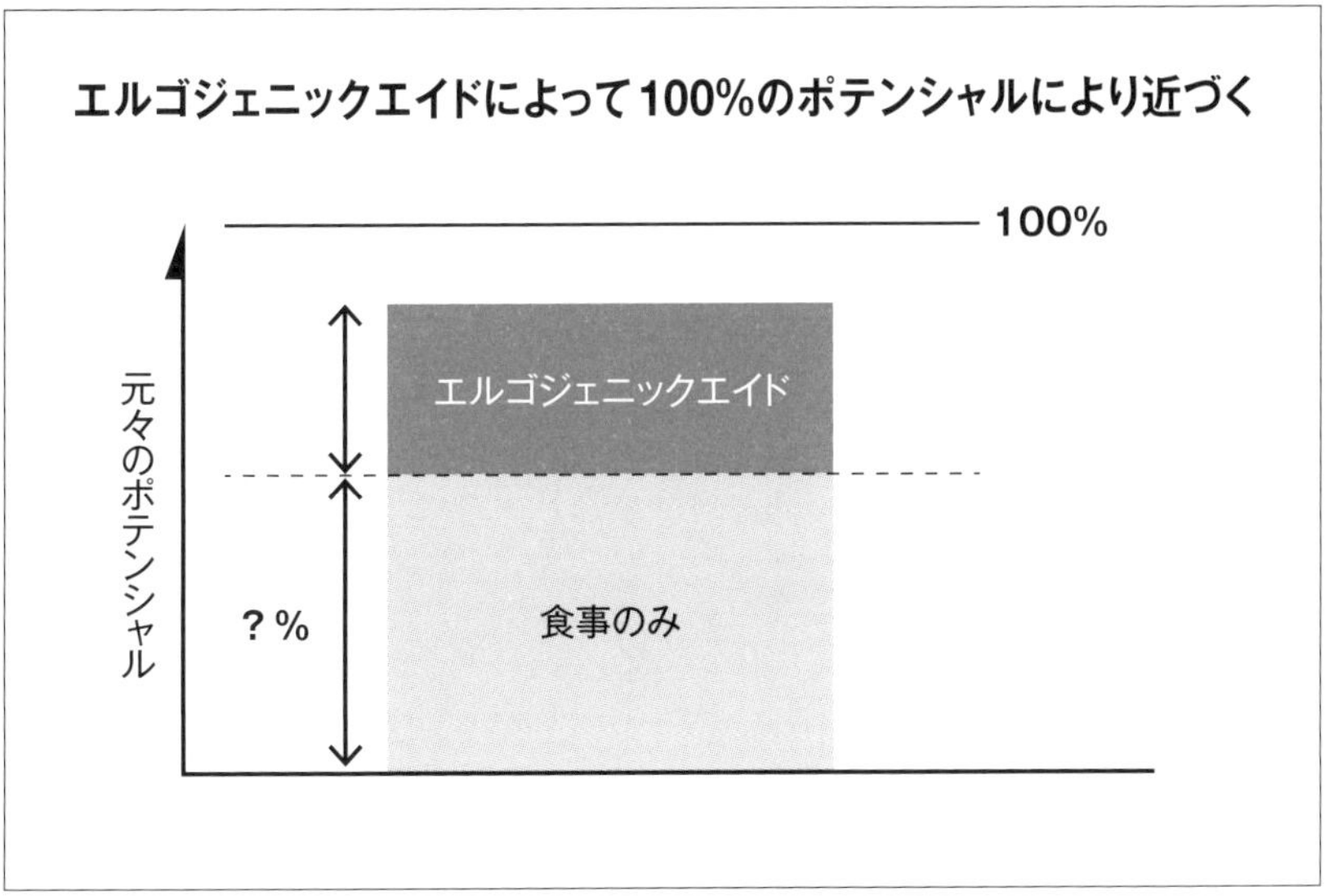


図6　エルゴジェニックエイドの位置づけ（イメージ図）

そして「エルゴジェニックエイド」ですが、これは運動のパフォーマンスを上げることに特化した「スポーツニュートリション」です（図6）。例えば、プロテインはトレーニングをしている方にとっては必需品ですが、それを摂取したことで、パフォーマンスが瞬時に向上するわけではありません。つまり、プロテインはスポーツニュートリションではあるものの、エルゴジェニックエイドとして利用されることはほとんどないのです。

具体的な「エルゴジェニックエイド」の例を挙げるとするならば、まさにクレアチンやカフェインがこれにあてはまるでしょう。例えばクレアチンを直接的な健康維持のためにサプリメントとして摂っている方はほとんどいないのではないでしょうか。クレアチンを摂ると挙上重量が上がる、カフェインを摂ると集中力が高まるなど、その効果を比較的早く感じられるのがエルゴジェニックエイドの特長です。

## 期待値の高いエルゴジェニックエイド3選

関連動画はこちらから

エルゴジェニックエイドは、トレーニングをある程度継続してきて、「さらにトレーニングの質を高めたい」という段階で摂るようになる方が多いと思います。しかし、その種類は豊富で、「あれもよさそう」、「これもよさそう」となり、選ぶのが困難でしょう。いろいろなものを購入すると、コストがかかります。また、ボディビルを含め、何らかの競技の公式戦に出場するような競技者ならば、ドーピングチェックに引っかからない、安全なものを摂りたいところです。ここでは、効果が期待できる可能性が科学的に高く、そしてコスト的に購入しやすいエルゴジェニックエイドを3つに絞って紹介します。

### 〈カフェイン〉

コーヒーや緑茶などに含まれるカフェインは、覚醒作用や集中力の向上を求めて摂取する場合はエルゴジェニックエイドの範疇に入ります。また、「カフェイン」と一言で言っても、コーヒーなどのドリンクで摂るものとサプリメントで摂るものに分けられます。カフェインを含むサプリメントの成分表の多くには「無水カフェイン※」と書かれています。

カフェインをエルゴジェニックエイドとして摂取するメリットには、主に次の4つが挙げられます（参考文献㊳、㊴）。

## (1) 強心作用によるパフォーマンスの向上

「強心作用」とは心臓のポンプ作用のことです。カフェインを摂ると心臓が血液を送り出す作用が高まり、栄養や酸素を筋肉に速やかに供給できるようになります。血液中のカフェイン濃度は、摂取後5〜15分で上がりはじめ、40〜80分でピークに達します。持続性に優れており、高い状態のまま3時間ほどキープされるので、運動の直前よりも、30分以上前に摂取するのが有効かもしれません。

## (2) 筋力の維持

カフェインを摂取することで、必要とされるエネルギーを供給しやすくなるため、トレーニングのセット数をこなしても、筋力をできるだけ維持することが可能になります。体重（kg）×5㎎のカフェインを摂取させたところ、チェストプレスにおいて

※**無水カフェイン**…コーヒー豆から抽出されたカフェインや人工的に合成されたカフェインのほとんどは、水の分子を含んでいる。これを「カフェインモノハイドレート」と言う。このカフェインモノハイドレートを乾燥させ、水分を飛ばして加工しやすくしたものが「無水カフェイン」。無水カフェインとカフェインモノハイドレートの効果や作用はほとんど同じである

著しい違いが確認できたとの報告があります。

## （3）覚醒レベルの向上と維持

これは一般的なカフェインの効果としてイメージされる点です。カフェインを摂ることによって交感神経が優位になり、パキッと目が覚めたような状態になります。通常、何らかの理由で交感神経が上がると、アデノシンという物質が分泌され受容体とくっつくことで緩やかに落ちていくのですが、カフェインには、このアデノシンと受容体との結合を阻害する働きが報告されています（参考文献㊵）。

## （4）体脂肪の減少

体内の体脂肪は、そのままではエネルギーとして使えません。これを脂肪酸に分解して初めてエネルギーとして使える状態になりますが、その分解の働きをより活性化してくれる作用がカフェインにはあります（参考文献㊶）。

摂取量に関しては、WHOが食事摂取基準として発表しているガイドラインにおいて、一回の上限が200mg、一日の上限が400mgとされています。この数値が世界的な基準であり、この量を守っていれば、疾患を持っていない98%の方に安全とされています。ただし、カフェインの反応には個人差があります。いきなり200mg摂るのではなく、少量から始め、反応を確認しながら自分に合った摂取タイミングや摂取量を把握する必要があります。2014年に発表されたメタ分析※によると、パフォーマンスの向上に寄与したカフェインの摂取量は、およそ体重(kg)×3mgと報告されています。自身の体重を基準に考えてもいいでしょう。

## 〈クレアチン〉

クレアチンはプロテイン、EAA、BCAAなどと並び、トレーニーの多くが摂取しているサプリメントの一つです。クレアチンを食事から積極的に摂ろうとした場合、例えば5gのクレアチンを摂取しようと思えば、牛肉だと約1kg、マグロだと約1・5kgが必要になります。これを毎日食べるのは現実的ではありません。それが、サプリメントで摂ることを好む方が多くいる理由です。

摂取によって期待できる働きとしては、「挙上重量の向上」、「回復力の促進」、「筋肥大のスピードアップ」、「筋肉痛の改善」などが報告されています(参考文献㊷)。エルゴジェニックエイドとして摂ることで即効性を求められるのは、中でも「挙上重量の向上」ではないでしょうか。

クレアチンは、体内で起こるリン酸化の反応によって、クレアチンリン酸という形で保存されます。このクレアチンリン酸と体内のADP(アデノシン二リン酸)がくっつくことでエネルギーのもととなるATPがつくり出されます。ATPは糖や脂質からもつくられますが、最もスピードが速いのが、クレアチンリン酸からの合成です。

---

※**メタ分析**…いくつかの研究結果を統計的に判断した上で、どのような結果が出るのかを導き出す研究

実際に、クレアチンを摂ることで使用重量が上がったとする研究（参考文献㊸）が数多くあります。また、クレアチンは水分を細胞内に引き込む作用もあります。筋肉中のクレアチンが筋肉に水分を引き込むと筋肉が張る、いわゆる「パンプする」といった現象を感じたことがある方は少なくないのではないでしょうか。

さらには、クレアチンは筋肥大にも大きく寄与します。摂取タイミングやローディングなどについてはCHAPTER4で改めて解説します。

〈電解質〉

「電解質」は、カフェインやクレアチンなどに比べると地味な存在なので、エルゴジェニックエイドとしてはスルーされがちです。しかし、神経のサポートや筋肉の収縮など、体内で様々な働きを担っている重要な物質です（参考文献㊸）。

ミネラルと混同されがちですが、ミネラルが水に溶けて電気を通せる状態（イオン化）になったものが電解質です。ミネラルはイオン化することで電解質になり、体内におけるそれぞれの機能を果たせるようになります。ですから、正確には「電解質＝ミネラル」ではありません。

人の体内、特に体液中には多くの電解質が含まれています。中でも「ナトリウムイオン」、「カリウムイオン」、「マグネシウムイオン」、「カルシウムイオン」の4つは、筋肉が収縮する際に特に大きな役割を果たします。どれかが欠けてしまうと、筋肉は十分に収縮することができません（参考文献㊹）。

トレーニング中は筋肉が絶対に収縮します。この筋収縮のパフォーマンスをいかにして落とさないようにするかが、トレーニングの質を高める上での大切なポイントになります。ＩＳＳＮで発表されたサプリメントトレビュー（有効性と安全性の両面において、科学的根拠に裏づけされた度合いにより、Ａ、Ｂ、Ｃの３段階で評価）では、運動パフォーマンスを上げるものとして、カフェイン、クレアチン、電解質ドリンク、そして次に紹介する糖質（炭水化物）が、信ぴょう性の高いＡ評価を受けています（参考文献㊺）。

## 糖質は究極のエルゴジェニックエイド？

関連動画はこちらから

食事からの摂取だけでも十分な量を賄うことができ、ときに、ダイエッターからは目の敵にされがちな糖質も、実は立派なエルゴジェニックエイドです。マラソン選手が長距離ランの前や最中にバナナを食べる話を聞いたことがあると思います。

では、トレーニングの場合はどうでしょうか。エネルギーとなる筋グリコーゲンを補充するためにトレーニング前に糖質を摂るという方がいます。これに関しては、トレーニング前に糖質を摂ったらパフォーマンスが上がったという研究結果（参考文献㊻）もあれば、パフォーマンスに変化がなかったという研究結果（参考文献㊼）もあります。なぜ、このような違いが生まれたのでしょうか。これはトレーニング時間と運動強度がポイントになっています。後者の研究では、トレーニング時間が短ければ短いほど、1セットあたりの強度が高ければ高いほど、トレーニング前の糖質摂取はパフォーマンスに影響しにくいとする結果が出ています。

また、1991年に行われた実験（参考文献㊽）によると、70％1RM（マックス重量の70％の重量）の強度で6セット行ったグループと、35％1RM（マックス重量の35％の重量）で6セット行ったグループで体内の筋グリコーゲンの消費量を比較したところ、それぞれのグリコーゲンの消費量は両グループとも3セット目で25％ほど、6セット目でおよそ40％まで減少したという報告があります。トレーニングのボリューム※自体はどちらも同じで、35％1RMのグループは70％1RMの2倍のレップ数を行っています。

つまり、ボリュームを統一した状態で強度だけを比較すると、グリコーゲンの消費量に大きな変化は見られなかったということです。

一方で、パフォーマンスの向上が見られたとする研究では、1回のトレーニング時間が50分から1時間を超えるものが多く、それに対して、影響しなかったとする研究では、30分から40分未満のものが多くなっています。

ここでキーになるのはトレーニング時間です。パフォーマンスが上がったとする研究で実施されたトレーニングは、使用重量がマックス重量の50％～70％程度の中重量のものが中心で、上がらなかったとする実験の多くは85%1RM以上の設定負荷で行われています。

結論を言えば、1回のトレーニング時間が30分〜40分ほどで、使用重量がマックス重量の80%〜85%（1RM80〜85%）という高強度のトレーニングを行っている場合、トレーニング前の糖質の摂取はパフォーマンスには影響しにくいと言えるでしょう。トレーニングのメインセットがマックス重量の70%前後で、トレーニング時間が1時間を超える方は、糖質を事前にしっかりと摂って筋グリコーゲンのタンクを満タンにすることで、パフォーマンスの向上が期待できます。

もっと言えば、摂取した糖質が筋グリコーゲンとして補充されるには一定の時間が必要（参考文献㊾）なため、直前に急いで摂取しても、筋グリコーゲンの充足という意味での恩恵は受けにくいでしょう。

午前中にトレーニングを行う場合、前日の夜までに糖をしっかりと摂っておき、そのグリコーゲンレベルを維持するために朝食でも糖を摂るのが理想です。

※トレーニングのボリューム…種目数×セット数×レップ数×挙上重量などで表されるトレーニングの総量

SECTION 02

# パフォーマンスに直結するプレワークアウトを考える

関連動画はこちらから

## NO系の王様、シトルリン&アルギニン

トレーニング前に摂取する栄養素を俗に「プレワークアウト（Pre-workout）」と言います。アミノ酸や電解質をどんなに摂ったとしても、必要な場所に届けられなければ、意味がありません。そうした栄養素を届けてくれるもの、それが血液です。もし血管がガチガチに固まっていたら、血液の通りが悪くなり、筋肉や細胞に効率よく栄養を運ぶことができなくなってしまいます。血管を柔らかくして通り道を拡張し、血流量を増やすもの、それが一酸化窒素（Nitric Oxide）です（図7 参考文献㊿）。一酸化窒素を増やすことを目的として開発されたサプリメントは、その頭文字を取って「NO系サプリ」と呼ばれます。栄養の供給のみならず、トレーニング中の筋肉の張り（パンプ）を求めて摂取する方も多いはずです。

そんなNO系の栄養素の中で最もメジャーな存在と言えるのが、「アルギニン」です。レッドブルやモンスターエナジーなどの有名なエナジードリンクにも含まれてい

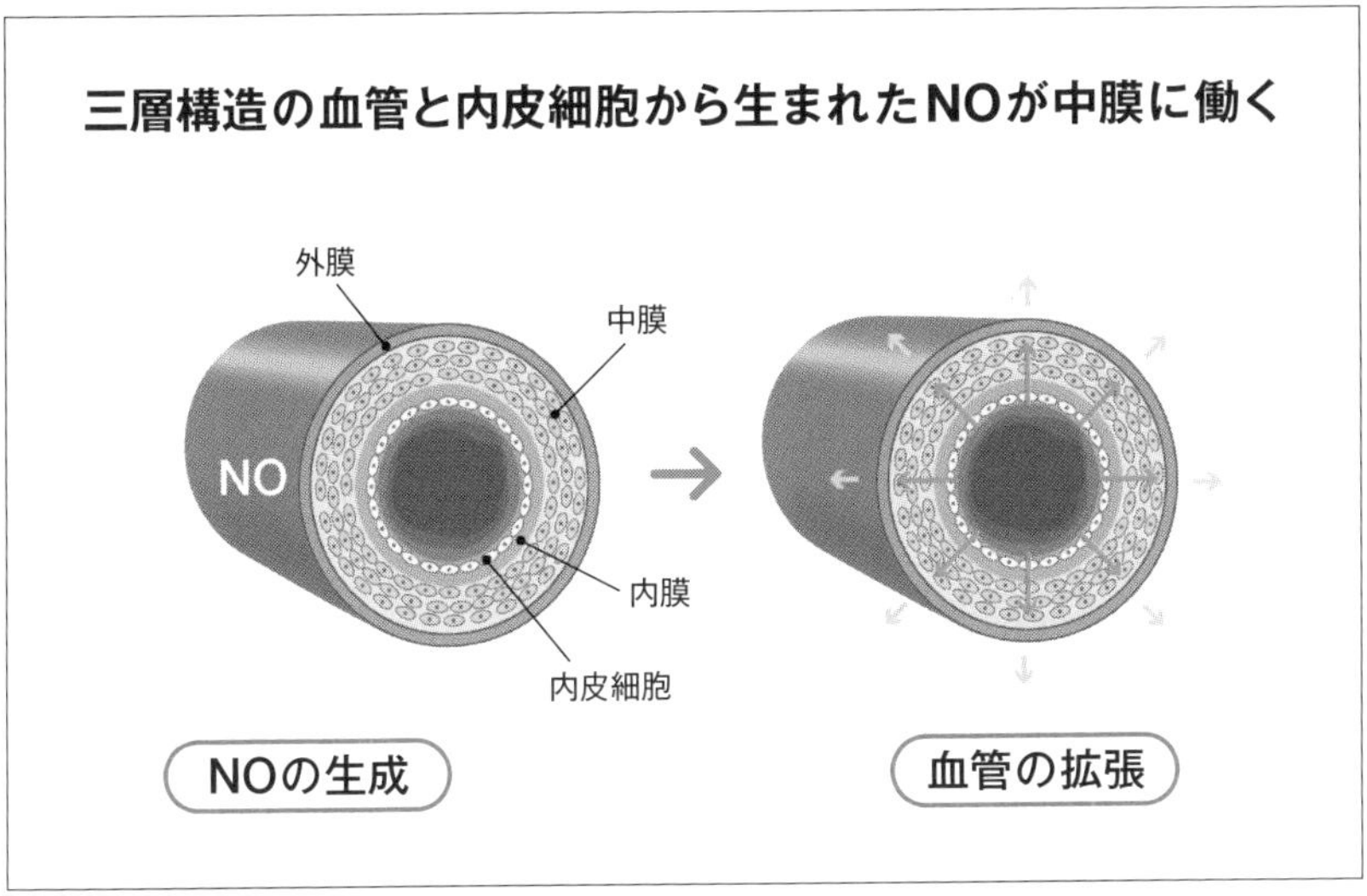


図7　三層構造の血管と内皮細胞から生まれたNOが中膜に働くイメージ図

る、NO系の王道と言えるアミノ酸です。

アルギニンは人間の体内でも合成されます。そして、このアルギニンの材料（前駆体）となるのが「シトルリン」というアミノ酸です。日本では2007年から食品として使用できるようになったアミノ酸なので、メジャーな栄養素とは言えないかもしれません。

シトルリンは、プロテインパウダーを普段から摂取していても、充足させにくいアミノ酸の一つです。シトルリンはアルギノコハク酸というものを体内で介して、アルギニンに変換されます（参考文献51）。このアルギニンを通して一酸化窒素を生成するため、プレワークアウト向けのサプリメントとして注目を集めるようになってきました。

理想としては、トレーニングの約30分~1時間前に2000㎎、多くても6000㎎くらいを目安に（参考文献52、53）摂取します。たいていのシトルリンサプリメントには味がついていないので、プレワークアウトドリンクに何らかのフレーバーを足したいという方は、シトルリンにリンゴ酸が結合した、酸味のある「シトルリンマレート」がおすすめです。

もしかすると、シトルリンはアルギニンに変身する前の姿なので、「だったら、アルギニンを多く摂ればいいのではないか」と考える方がいるかもしれません。ここで問題となるのが体内への吸収率です。アルギニンを多く摂取することで、小腸にあるアルギナーゼという分解酵素が働きやすくなります。すると、吸収される前に一部のアルギニンを不活性にしてしまい、結果的に血液への吸収率が低くなる場合がありま す（参考文献54）。「大量にアルギニンを摂ればいい」とたくさん摂取すればするほど、アルギナーゼの量も増えてしまいます。

一つの見解ですが、アルギニンを効率よく摂りたいのであれば、シトルリンと1対1の割合で摂取するのが有効だと考えられます（参考文献55）。シトルリンにはアルギナーゼの活性を下げる作用もあります。シトルリンとアルギニンを1対1の割合で摂ることでアルギニンがしっかりと吸収され、さらにはシトルリンが時間差でアルギニンに変化します。そうすることで、最初は吸収されたアルギニンが働き、シトルリンから変化したアルギニンも次第に作用してきます。もちろん、単体でも働きが期待できますが、血中のアルギニンの濃度を高いレベルで長く一定に保つこのような摂り方も、一つのテクニックとしてはありでしょう。

## ベータアラニンとは？

関連動画はこちらから

ＮＯ系のサプリと言えば、かつては海外製が主流でしたが、２０１９年頃から国内で生産されたものも多く見かけるようになりました。そのようになった一つの要因が、ベータアラニンの食品への使用が厚生労働省に認可されたことです。以前は日本ではサプリメント（食品）として使用できなかったため、ベータアラニンが含まれるプレワークアウトを購入するとなると、その選択肢は海外製品のみという状況が長く続いていました。

では一体、ベータアラニンとはどんな栄養素なのでしょうか。これは体内でもつくられる非必須アミノ酸ですが、筋肉の材料になること以外にも様々な機能を持っています。ベータアラニンは、その名前から、シジミなどに含まれている「アラニン」と混同されることがよくあります。アラニンには「アルファアラニン」と「ベータアラニン」があります。シジミから抽出されるものやサプリメントで「Ｌアラニン」として販売されるのはアルファアラニンで、ベータアラニンとは別のアミノ酸です。ベータアラニンの身体づくりにおける具体的な作用やメリットは、主に次のようなものがあります。

## 〈筋出力の維持〉

ベータアラニンの大部分は、ヒスチジンというアミノ酸とつながった「カルノシン」として体内に貯蔵されています。

人間が運動すると、体内で乳酸が増え、通常は弱アルカリ性に保たれている体内のpHバランスが酸性に傾いていきます。すると、主観的な疲労を感じたり、筋収縮の妨げになったりすることがあります。カルノシンが体内に充足していると、乳酸を緩衝し、pHバランスが酸性に傾くことを抑制できます。この点については複数のエビデンスが存在し、信頼できる事実ではあります。ただし、「60秒以上の運動をしたとき」という条件がつきます。瞬発的な動作でカルノシンのメリットが生じるかどうかについては、懐疑的な部分があります。逆に言えば、1セットあたりのレップ数が多ければ多いほど、トレーニング時間が長ければ長いほど、ベータアラニンの恩恵を受けやすいのです。ベータアラニンを摂取したグループと摂取しなかったグループを5週間にわたって比較し、摂ったほうのグループに筋力の伸びが見られたという実験結果（参考文献56）も存在します。

ＩＳＳＮの「科学的根拠をベースに、有効性と安全性を3段階で評価したサプリメントレビュー（参考文献㊺）」においても、ベータアラニンは、パフォーマンス向上目的の栄養素としてA評価（一番高い評価）を受けています。ベータアラニンを摂取することでパフォーマンスや筋力のアップが期待できるというのが近年の論調です。

〈疲労回復〉

カルノシンには乳酸を緩衝するという大きな役割がありますが、カルノシンのもととなるベータアラニンを摂取してトレーニングすることによって体内に蓄えられた疲労物質を排出したり、乳酸を中和するという報告（参考文献㊻）が存在します。疲労感の緩和を狙って摂取する場合、一日に4～6gを4週間以上継続することで、その働きが期待できます。

〈覚醒レベルの向上〉

覚醒レベルと言っても、これはカフェインのように交感神経を上げて集中力を増すのではなく、肌がピリピリするような感覚（ベータアラニンフラッシュ）によって覚醒レベルを物理的に上げるものです。人によっては、これが副作用のように感じて、敬遠する方がいます。ただし、このピリピリする感覚は摂取した30～40分後に10～15分ほど起こる反応で、持続性はあまりありません。適正量であれば、健康への影響はないので、トレーニングのスタート時にテンションを上げるような目的で摂取するのであれば、心配はまったくいりません（参考文献㊲）。

## 日の目を見ない秀才、アグマチン

関連動画は
こちらから

「こんな栄養素は聞いたことがない」という方がほとんどだと思います。しかしながらこのアグマチン、摂取している方は少数派ですが、比較的、体感を得やすいＮＯ系のエルゴジェニックエイドとして近年期待されています。

前述の通り、シトルリンは体内でアルギニンに変換されます。そして、このアルギニンが脱炭酸化反応というプロセスを経て変化したのがアグマチンです。いわば、「最終形態」です。アルギニンの進化系、「スーパーアルギニン」と呼ばれることもあります。

アルギニンやシトルリンと同様に、アグマチンを摂取することで得られる作用の一つに高血圧の抑制があります。これは血管を柔らかくして血液の通り道を拡張することによって、血液が血管を外側に押す圧力を弱くするというものです（参考文献㊳）。ただし、アグマチンがどのようにして血管を拡張するのか、その研究数はまだまだ少なく、未知な部分が多くあります。効果を体感している方が多いからと妄信するのではなく、体感が得られないのであれば、ほかの栄養素に切り替え、体感が得られるのであれば、摂取を継続するといった柔軟なスタンスが必要です。

そして、筋肉をつける上で重要な働きをするホルモンが、膵臓から分泌されるインスリンです。筋肉などの細胞に栄養を運ぶ引き金となるのがインスリンですが、そもそも膵臓内にインスリンが貯蔵されていないと、その分泌量には限りがあります。アグマチンには、その膵臓内のインスリン貯蔵量をコントロールする働きやインスリン感受性を上げる働きもあると言われています。これは筋肥大においては魅力的なメリットです（参考文献㊾）。

具体的な方法としては、トレーニングの30分~1時間ほど前に、1回あたり750mgを摂取してください。予算的に余裕があるなら、アルギニンとシトルリンとアグマチンを1対1対1の割合で摂るのがおすすめです。

## 理想のプレワークアウトとは？

関連動画はこちらから

最後にこの項のまとめとして、理想のプレワークアウトとして考えられる一例を栄養素や推奨摂取量とともに考えてみます。

〈ＢＣＡＡ〉

ロイシン、イソロイシン、バリンの3つのアミノ酸の総称で、日本語では分岐鎖アミノ酸。一般的には「Branched Chain Amino Acid」の頭文字から「ＢＣＡＡ」と呼ばれています。これは筋肉で直接代謝されるアミノ酸で、トレーニングをしている方ならば、よく摂取されるポピュラーなサプリメントです。プレワークアウトとしての推奨量は7g〜9・6gが目安。BCAAにはロイシン、イソロイシン、バリンのバランスが2対1対1のものと3対2対1のもの、場合によっては8対1対1のものもありますが、初めて試す方なら、スタンダードな2対1対1を選んでみてはいかがでしょうか（アミノ酸評点パターンの比率に準ずる値=参考文献⑥⓪、⑥①）。

## 〈カフェイン〉

一回あたりの推奨量は100mg〜200mgです。しかし、カフェインの耐性には個人差があります。摂ると眠れなくなってしまうような感受性が豊かな方は、少量もしくは摂取を控えたほうがいいかもしれません。カフェインの摂りすぎはカルシウムの吸収を阻害するとも報告されており（参考文献⑥②）、そのリスクをヘッジする意味合いでカルシウムが含まれているものもあります。一日のカルシウム摂取量が少なめの方は、こういった製品を選んでみてもいいでしょう。

## 〈ベータアラニン〉

トレーニングのパフォーマンスを上げる目的の場合は、トレーニングの30分〜1時間前に摂取しましょう。一度の摂取量としては約2000〜3000mgが推奨されます。複数の研究によれば、作用が明確にあったとされる量は2000mg〜

6000㎎です（参考文献㊺、㊻、㊼）。ただし、ベータアラニンフラッシュを感じやすい方がいるため、最初は500～1000㎎ほどから始め、少しずつ量を増やしていくのがいいでしょう。2018年に発表された研究では、800㎎を一日6回に分けて摂取したら、疲労が回復されたという結果が出ています。慢性的な筋疲労の改善を目的とするならば、一日に複数回摂るのもおすすめです。

## 〈チロシン〉

カフェインはノルアドレナリンやドーパミンなどの興奮系のホルモンのレベルを上げるために摂取しますが、チロシンはそうしたアドレナリン系の神経伝達物質の原材料になります。覚醒作用においては、カフェインとチロシンを併用することで、相乗効果を期待できます（参考文献㊸、㊹）。推奨量は一日に1000㎎が目安になります。

## 〈クレアチンHCL〉

クレアチンには多くの種類があります。有名な「モノハイドレート」のほかに「HCL」がありますが、ここでHCLを選択した理由は、摂取してから効果が出るまでのスピードが速い（参考文献㊺）ためです。クレアチンモノハイドレートと言えば、すみやかな働きを期待するためには、「クレアチンローディング」と呼ばれる、体内にクレアチンをため込む作業が必要という側面がありますが、HCLはローディングが不要です。推奨量は2～3gが目安。市販されているクレアチンの9割がクレアチンモノハイドレートであり、エビデンスの数としてはHCLよりも圧倒的に多いため、人によって選択が分かれるところだと思います。有効性と安全性の両面において、推奨しやすいのはクレアチンモノハイドレートです。

〈アグマチン〉

アルギニンとアグマチンの2つは作用が重複するので、摂取するのであれば、どちらか一方でも十分に働きが期待できます。推奨量は一日に750mgが目安になります。

〈シトルリンマレート〉

シトルリンマレートには遅筋線維におけるATP合成を20%～30%ほど高める効果があると言われており（参考文献⑯）、筋出力を最後まで持続させることにも貢献します。爆発的な瞬発力はクレアチン、トレーニング後半に「もう少し粘りたい」ときに役立つのがシトルリンマレートというイメージです。推奨量は一日に6000mgまでが目安になります。

SECTION 03

# 筋出力を落とさないためのワークアウトドリンク

## イントラワークアウトで絶対に摂りたいのはこれ！

関連動画はこちらから

ジムに行くと、トレーニングのインターバル中にドリンクを飲む方の姿を多く見かけます。これには、単に水分補給だけではなく、トレーニング中のパフォーマンス低下やエネルギーの枯渇を避ける狙いがあります。

そのような目的でトレーニング中に摂取するドリンクを一般に「イントラワークアウトドリンク」と呼びます。このイントラワークアウトドリンクに含まれる栄養素には様々なものがありますが、ドリンクの種類が豊富なので、何を選ぶべきか悩ましいところです。「トレーニングの中盤以降も筋持久力を落とさない」、「トレーニング中の筋分解を防ぐ」といった目的にフォーカスし、摂取すべき栄養素を考えていきます。

### 〈糖質〉

糖質はトレーニング前だけではなく、トレーニング中にも摂取してほしい栄養素です。摂取することで血液中のグルコースを補い、筋グリコーゲンをセーブします。これによって、トレーニング中のエネルギー切れを防ぐことが期待できます（参考文献㊼）。

ただし、糖質には種類がいくつかあります。それぞれの利点や選び方などについては、次項の「パフォーマンスを上げる糖質の選び方」で解説します。

## 〈BCAA〉

身体をアナボリックな状態（筋肉を失いにくい状態）に保つためには、材料となるアミノ酸の血中濃度を高く保っておく必要があります。これはトレーニング中も例外ではありません。イントラワークアウトで摂取する場合、全ての必須アミノ酸が含まれるEAAでももちろんいいのですが、BCAAの量が特にカギになります。

アミノ酸はそのほとんどが、初めに肝臓で代謝されます。しかし、BCAAを代謝する酵素（BCAT）は、肝臓ではなく筋肉中にあるため、筋肉をハードに動かすトレーニング中は、BCAAが特に積極的に消費されます（参考文献㊽）。

このときにBCAAの量が足りていないと、アミノ酸のインバランスが起こり、筋分解に拍車がかかってしまう可能性があります（参考文献㊾）。もしEAAを10g摂るとすると、そのうち7g（70％ほど）はBCAAであることが理想です。

## 〈電解質〉

エルゴジェニックエイドのところでも触れましたが、筋肉の収縮力をトレーニングの後半まで落としたくないのであれば、電解質を押さえておいて損はありません。

例えば、筋原線維の周りに存在する筋小胞体には、電解質の一つであるカルシウムイオンが蓄えられていて、これが放出されるときに、筋肉が収縮します。放出されるだけでは不足してしまいますが、そうなると、当然、収縮力の低下につながります（参考文献⑦⓪）。

トレーニング開始時に電解質を満たしていても、ハードなトレーニングをすると、汗で体外に流れ出てしまいます。トレーニング中に失われる電解質を直ちに補うためには、トレーニング中にもこれを摂取するのがベストな選択です。体格や運動時間によって必要量は異なりますが、1時間の運動やトレーニング中に目安となる摂取量を以下にご紹介しておきます。多く摂りすぎた分は尿として排出されるため、「最低でもこれくらいは摂ったほうがいい量」（参考文献⑦①）と解釈してください。

- ナトリウム50㎎以上
- カリウム２００㎎以上
- マグネシウム１００㎎以上

### ・カルシウム40㎎以上

マグネシウムとカルシウムは2対1に近いバランスで摂取すると吸収率が高まります。トレーニング中に糖質を摂っているにもかかわらず、パフォーマンスが上がらない、疲れやすいという方は、電解質の補給をぜひ試してみてください。

市販のスポーツドリンクでもいいのですが、それだけでは十分な電解質の量を補えない場合があります。そんなときには、電解質パウダーや粉のポカリスエットを濃いめに溶かしてみるのがおすすめです。

スーパーなどで販売されているココナッツウォーターもいいかもしれません。これには電解質が多く含まれており、特にカリウムが豊富です。手っ取り早くイントラワークアウトドリンクが必要になった場合、ココナッツウォーターを活用するのも手段の一つとして有効です。

## パフォーマンスを上げる糖質の選び方

関連動画はこちらから

では、どのような糖質がイントラワークアウトに適しているのでしょうか。ドリンクに溶かすための粉末糖質として流通している商品には、たくさんの種類があるので、選択する際のポイントとともに記します。

トレーニング中の摂取に推奨したいのは、吸収が速い果糖、ブドウ糖、もしくはデキストリンなどです。

中でもウエイトを扱うような筋力トレーニング中に特に相性がいいのが、多くの電解質と一緒にパッケージされているクラスターデキストリンです。クラスターデキストリンはブドウ糖やマルトデキストリンよりも分子が大きく、吸収効率が高いと言われています（参考文献⑫、⑬）。分子が大きいのに吸収効率が高いというのは不思議な感じがするかもしれませんが、ここでのポイントは「浸透圧」です。浸透圧とは、濃度の違う2種類の水分が存在するとき、その濃度を一定に保とうとして濃度の低いほうから高いほうに水が移動する力のことです。

買い物に出かけた際に、目的のコンビニに大行列ができていたとします。そして、そのすぐ隣に空いているコンビニがあったとしたら、多くの方が空いているコンビニのほうに移動するはずです。簡単に言うと、これが浸透圧です。この現象を活用したドリンクが、「ハイポトニックウォーター」と呼ばれるものです。

クラスターデキストリンの浸透圧は体液のそれよりも低いため、スムーズに体内に吸収されます（参考文献⑭）。コストが高いデメリットさえ許容できれば、理論的にはベストなチョイスと言えるでしょう。しかし、実際の使用感としては、価格差ほどの吸収効率の違いは感じられないという方がほとんどだと思います。

マルトデキストリンは浸透圧がやや高いため、吸収される際に水分を一緒に引き込み、おなかがゴロゴロするという方がいます（参考文献㊷）。こういった方がクラスターデキストリンを摂取すると、その症状を緩和できる可能性があります。

これに関しては、自分の体質に合ったほうを選択するべきです。ちなみに、駄菓子のラムネは、ほぼブドウ糖でできています。外出時に、トレーニング中の糖を急いで用意したいと思った場合は、便利な選択肢になるでしょう。

SECTION 04

# 筋グリコーゲンリカバリーの徹底

## ポストワークアウトが次回のトレーニングのカギを握る

トレーニング前に摂取する栄養素を「プレワークアウト」、トレーニング中に摂取する栄養素を「イントラワークアウト」、そしてトレーニング後に摂取する栄養素を「ポストワークアウト」と言います。トレーニング後に摂取するサプリメントと言えば、プロテインやアミノ酸がポピュラーだと思いますが、それらと同等、いや、それ以上に大切なのが、何度も出てきますが糖質の補給です。

トレーニングをして筋グリコーゲンが消費されると、グリコーゲンのタンクが枯渇します。十分な糖を摂って「筋グリコーゲンの回復」をしないと、翌日以降のトレーニングでパフォーマンスが低下する原因になりかねません。

脂質に比べてグリコーゲンは、身体活動によって急激に消耗するパーセンテージが非常に大きいと言えます（参考文献⑯）。トレーニングを日常的に行っている方は、使いきった糖をなるべく早い段階で身体に取り入れ、グリコーゲンを再合成することで、

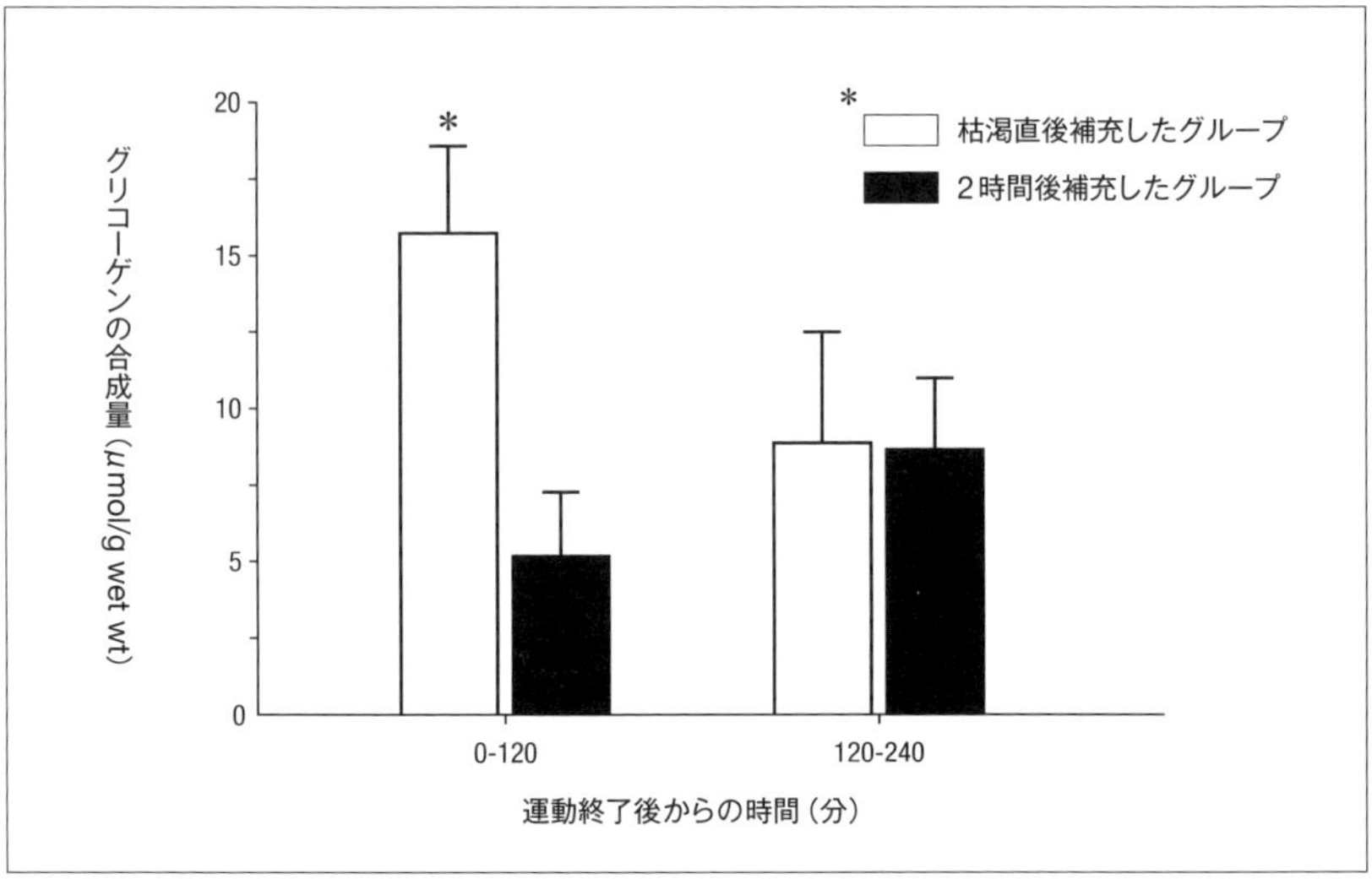


図8　グリコーゲンの再合成効率（参考文献⑱）

次のトレーニングに備えなければいけません。

「次のトレーニングの前だけ重点的に糖質を摂れば、筋グリコーゲンのタンクを十分に満たせる」との意見が見受けられますが、摂取した糖質の全てが、すぐに筋グリコーゲンに変わるわけではありません。食事によって摂取した炭水化物が筋グリコーゲンや肝グリコーゲンとして蓄えられるには、長い場合、24時間ほどかかります（参考文献⑰）。脚や胸など、大筋群のトレーニングを行う際は、前日から積極的に糖質を摂取すると、パフォーマンスの向上が期待できます。

この筋グリコーゲンの再合成効

率を考える場合、トレーニングの直後が実はとてもおいしい時間帯なのです。グリコーゲンを枯渇させた方たちに、もう一度グリコーゲンを投与し、グリコーゲンの再合成効率が時間帯によってどれほど変わるのかを調べた実験があります。1988年に発表された論文によると、枯渇させた直後にグリコーゲンを補充したときと、同じ量を2時間後に補充したときとでは、グリコーゲンの再合成効率に、最大で50％もの差が生じています（図8）。

こうした結果からも、トレーニング後の糖質摂取が非常に重要であることが分かります。ここではGI値が高い糖質、すなわちブドウ糖やマルトデキストリンなどが望ましいでしょう。とはいえ、トレーニングでグリコーゲンを使いきってから次のトレーニングが始まるまでに、普通は24時間以上空くはずです。次のトレーニングまでに3度の食事をしっかりと摂れるのであれば、最低限必要なグリコーゲンはそこで補えます。ただし、瞬発的な試技を一日に複数回も求められるアスリートの場合は、次の試技に備え、吸収されやすい糖質を運動後に摂取することが推奨されます。

## インスリンヒエラルキーの有効活用

関連動画は
こちらから

トレーニング前もトレーニング中もトレーニング後も、糖質が大切であることは分かりました。しかし、減量中であれば、「摂った糖質が原因で体脂肪が増えてしまわないか」、「減量が停滞してしまわないか」との不安から、糖質の摂取になかなか積極的になれない方がいるかと思います。

そういったことは確かにあります。もし消費したカロリー以上のものを摂取すれば、当然、体重は増えます。

摂取した糖質は筋肉に運ばれるのか、それとも脂肪細胞に運ばれるのかを決定するポイントは大きく分けて3つあります。

## 〈筋グリコーゲンの枯渇状況〉

摂取した糖質は、体内でまんべんなく使われるわけではありません。体内で消化・吸収された糖は、インスリンで活性化されたGLUT4（輸送体）によって細胞内へ運ばれますが（図9）、その運び先には優先順位があります。これを「インスリンヒエラルキー」と言います。

最優先に運ばれるのは筋肉です。筋グリコーゲンのタンクが空になっていれば、糖は真っ先にそこに運ばれます。そして、そのタンクが満たされたら、肝臓内の肝グリコーゲンに行き、そこも満タンになったら、最後に脂肪細胞へと運ばれます（参考文献⑲）。

ということは、筋グリコーゲンも肝グリコーゲンも満タンな状態のときに摂った糖

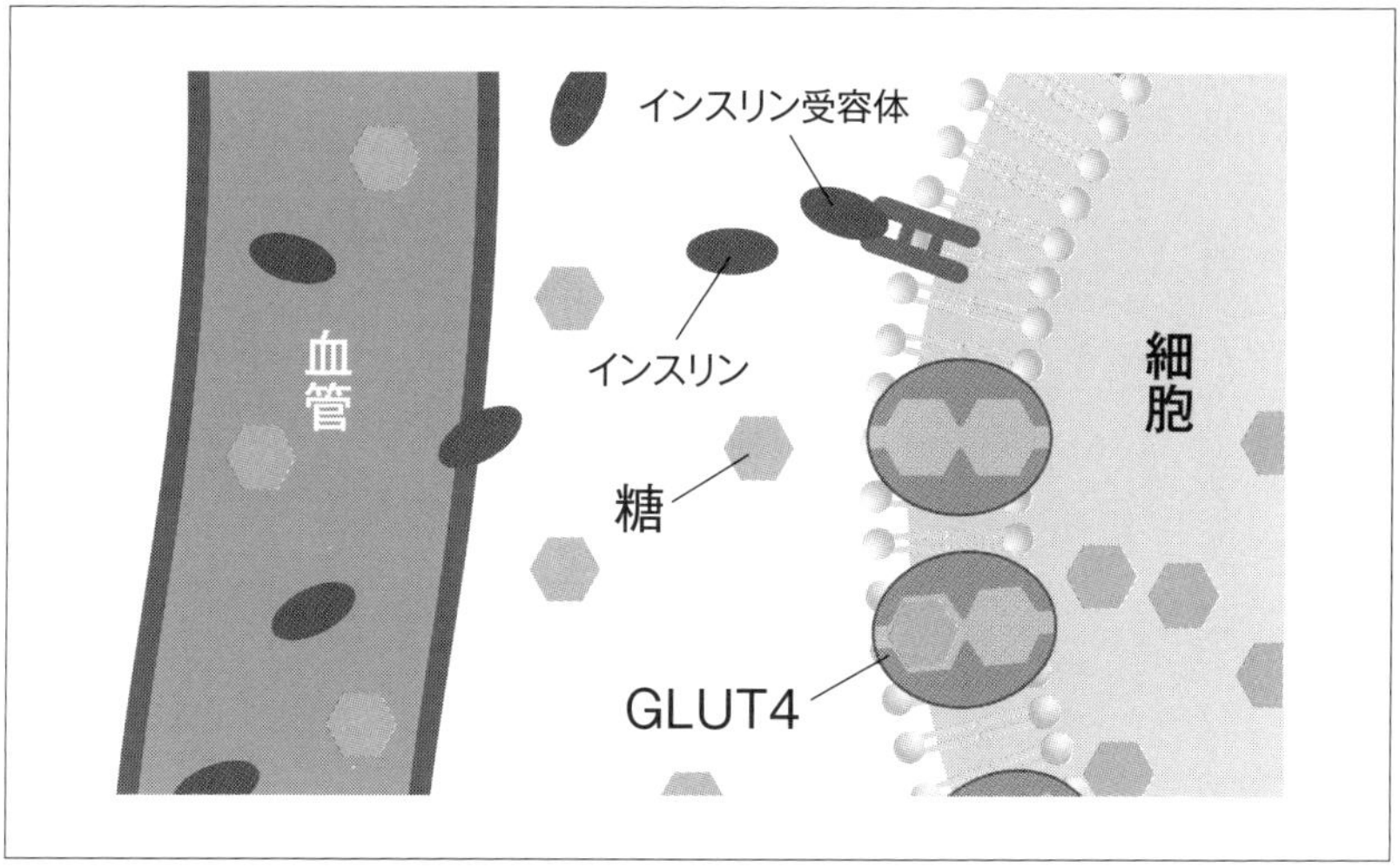


図9　血液中から細胞内に糖を運んでくる糖の取り込み（簡易的なイメージ）　血糖値が上がる→インスリンが分泌する→インスリン受容体と結合する→それがトリガーとなり、GLUT4が出動する（参考文献⑳から作図）

質は、最終的に体脂肪として貯蔵されるわけです。筋グリコーゲンのタンクが充足しているかどうかが、糖が筋肉に行くか、脂肪細胞に行くかの大きな分かれ道になります。

## 〈適切な摂取量の把握＆糖質の種類の選択〉

では、どれくらいの糖質量を摂るべきでしょうか。一般的な成人男性が体内に蓄えられる糖の量の目安は、筋グリコーゲンとして400g前後、肝グリコーゲンとして100g前後、血中のグルコースとして10～20gになります（参考文献㉛）。

たとえ全ての糖を使いきった

状態だとしても、その合計の数値以上の量を摂取した場合、溜めておくことはできません。また、ゆっくりと吸収される糖ならば、徐々に筋肉に運ばれることがありますが、筋肉に取り込めるキャパシティーは決まっています。吸収される糖を一気に摂った上で、筋グリコーゲンのタンクに収まりきらなかった分は、ほかの場所に運ばれます。

では、筋肉だけに糖を運ぶのに適切な摂取量はどれくらいでしょうか。これに関しては、「人による」というのが正しい答えです。その人の体格や筋肉量、トレーニングの内容やボリューム、継続時間、生活習慣、食習慣、栄養摂取の状況などで変わってくるので、「明確な答えはない」というのが結論になります。

それでは、体内のほぼ全てのグリコーゲンが枯渇したと仮定した場合はどれくらいの糖質量を摂取すればいいのでしょうか。ISSNの発表によると、トレーニング後30分のうちに「体重×1~1・2g」の量を摂るのが望ましいとされています（参考文献㉜）。体重70kgの男性だと70~84gで、コンビニのおにぎり1・5~2個分ほどの量になります。トレーニング直後にそんなにたくさんの糖は摂れないという方は、トレーニング後のプロテインと一緒に、同量のデキストリンパウダーを溶かして摂取してみてください。

では、一日あたりの糖質量はどれくらいが最適なのでしょうか。IOCはアスリートに対し、トレーニングの強度を次の4段階に分け、それぞれに適した摂取量を発表しています（参考文献㉝）。

- 低強度もしくは技術練習のみ…一日あたり体重（kg）×3～5g
- 一般的なウエイトトレーニング…一日あたり体重（kg）×5～7g
- 高強度かつ持久的なトレーニングを継続的に実施…一日あたり体重（kg）×6～10g
- 一日に4～5時間以上のトレーニング…一日あたり体重（kg）×8～12g

一日のどのタイミングで、どう分散させてこれらを摂るかについては、その人の目的やトレーニングのタイミングなどによって変わります。また、これらはあくまでも〝目安〟です。毎日のようにジムに通っているとしても、「一日あたり体重（kg）×8～12g」をいきなり摂るのではなく、少ない量から徐々に増やしながら、自分にとっての適正量を見つけるようにしましょう。

BONUS TRACK

特別インタビュー
by Kento

# 「〝トレーニング前〟の栄養摂取は前日から始まります」

## 木澤大祐選手

〝ジュラシック〟の異名を持ち、日本屈指のバルク派として、ボディビル界のトップ戦線で長きにわたって活躍している木澤大祐選手。その巨大な筋肉を進化させ続けるためのトレーニング前、中、後の栄養摂取について聞いた。

木澤大祐（きざわ・だいすけ）
1975年1月9日生まれ、愛知県出身。16歳からトレーニングを始め、18歳でコンテストデビュー。ジャパンオープン優勝、日本クラス別選手権85kg級優勝、日本選手権4位など、多くの実績を持つボディビル界のトップ選手。16年連続で日本選手権ファイナリスト（2021年9月現在）。2017年にトレーニングジム「ジュラシックアカデミー」をオープンさせた

### 減量中でも脚トレの前日は糖質を摂っていきます

――木澤選手は、トレーニングの強度を落とさないことに関して、意識がかなり高いと思います。トレーニング前、トレーニング中、トレーニング後の栄養摂取について教えてください。

**木澤**　（試合期の）オンシーズンと（試合のない）オフシーズンでは、食べるものがガラッと変わります。食事の内容も、増量期と減量期では全然違うものになります。

増量期は脂質から炭水化物まで量を考えずに食べるので、エネルギーが足りていない状態はありません。日常生活の中でエネルギーが常に満たされているので、トレーニングをするから何かをあえて摂るという感覚はないです。

――イントラワークアウトで摂るものは何でしょうか？

**木澤**　オフシーズンはクラスターデキストリンとホエイペプチド、あとは味つけとしてクエン酸、この3つです。ペプチドは苦味があるので、トレーニング中でもさっぱり飲めるようにクエン酸を入れています。

――トレーニング前とトレーニング中の栄養摂取に関して、特にデリケートになるのは大会に向けて減量しているときですか？

**木澤**　減量中はシビアに考えます。〝トレーニング前〟という感覚は、前日から始まります。現在は午後の時間帯にトレーニングすることが多いのですが、前日のお昼またはは夜から意識します。月曜日に脚のトレーニングを行うのですが、日曜日は自宅にいることが多いので、その時点から次の日の脚トレに向けて栄養摂取をしていきます。減量中でも、その日はダイエットをやめるくらいの感じで、糖質を多めに摂ります。そのタイミングで栄養が摂れなかったら、翌日のトレーニングに影響が出ます。

――脚とそれ以外の部位では、前日に摂る糖質の量は違いますか？

**木澤**　まったく違います。3倍から4倍くらいの違いがあります。脚トレさえ乗りきれば、そのほかの部位のトレーニングはギリギリのエネルギー量でこなせます。ですから、前日からエネルギーを意識するのは脚トレの日だけです。

## 体感がとてもあったサプリメントはクレアチンです

――減量中は、糖質以外にほかに何を摂りますか？

**木澤**　トレーニング中は段階を踏みながらＢＣＡＡを増やします。逆に、糖質は減らして最終的にゼロにしていきます。前日からの摂取で（トレーニング中のエネルギーレベルが）決まるので、糖質をゼロにしてもパフォーマンスは思いのほか落ちません。ＢＣＡＡは最終的には1回のトレーニングで40g～50gほど摂取します。

――ＢＣＡＡ50ｇはタンパク質に換算すると２００ｇほどになります。トレーニング中にタンパク質２００ｇ分のＢＣＡＡを摂ることになるので、常人では真似できない木澤選手ならではの栄養摂取の方法かもしれません。

**木澤**　ＢＣＡＡは摂るとやはり違いますね。最後までバテずにパワーを出しきれますし、長い目で見て筋量を落とさずに減量を進められます。

――ＢＣＡＡはトレーニング前などにも摂りますか？

**木澤**　逆に、トレーニング後に摂ります。減量中はトレーニングでエネルギーを使いきって、トレーニング後には糖質を入れないようにしています。そのときにカタボリックにならないように、ＢＣＡＡをこまめに摂取するようにしています。

――ＥＡＡに置き換えてＢＣＡＡを摂ろうと思ったことはありますか？

**木澤**　特にはないですね。トレーニングの中盤までにペプチドを飲みきって、終盤にEAAを摂取しています。

――それは増量期の話ですか？

**木澤**　減量中も増量中も摂ります。トレーニング後のプロテインは、血液が筋肉に集中して消化機能が落ちている感覚があるので、いまは摂取していません。トレーニング中のペプチドとEAA、トレーニング前のプロテインによって、トレーニング後に必要な栄養を前倒しで摂るという感覚です。

――トレーニング後のタンパク質は食事で摂るのですか？

**木澤**　そうですね。プロテインの場合もありますが、いずれにしても、血流が胃腸に戻ってからの摂取になります。

――体感があったサプリメントについて教えてください。

**木澤**　クレアチンは体感がとてもありました。クレアチンが手に入りやすくなってからすぐに摂取しましたが、とにかくパワーが伸びました。2、3レップは伸びました。いまはトレーニング中のドリンクにクレアルカリン※を10gほど混ぜています。

――10gは、量としては多いですね。木澤選手の中では、クレアチンはパフォーマンスを上げるサプリメンテーションとして大きな役割を持っているということでしょうか？

**木澤**　逆に、（イントラワークアウトとしては）糖質をあまり重要視していません。

※**クレアルカリン**…クレアチンモノハイドレートをpH緩衝剤でコーティングし、吸収効率を高めたもの

糖質は、トレーニングの前日、あるいは夜にトレーニングするのであれば、その日の朝と昼の食事でしっかりと摂るようにしています。

未公開部分を含む
特別編集版動画を公開中！

㊳ The effect of caffeine as an ergogenic aid in anaerobic exercise
Kathleen Woolf , Wendy K Bidwell, Amanda G Carlson
Int J Sport Nutr Exerc Metab 2008 Aug;18(4):412-29. doi: 10.1123/ijsnem.18.4.412.

㊴ Exercise and Sport Performance with Low Doses of Caffeine
Lawrence L. Spriet
Sports Med. 2014; 44(Suppl 2): 175–184.
Published online 2014 Oct 30. doi: 10.1007/s40279-014-0257-8

㊵ Adenosine, Adenosine Receptors and the Actions of Caffeine
Bertil B. Fredholm
Pharmacology & ToxicologyVolume 76, Issue 2 p. 93-101
First published: February 1995

㊶ The effect of ephedrine/caffeine mixture on energy expenditure and body composition in obese women
Arne Astrup,Benjamin Buemann,Niels Juel Christensen, Søren Toubro, Grete Thorbek, Ole J. Victor, Flemming Quaade
Metabolism Volume 41, Issue 7, July 1992, Pages 686-688

㊷ International Society of Sports Nutrition position stand: safety and efficacy of creatine supplementation in exercise, sport, and medicine
Richard B. Kreider, Douglas S. Kalman, Jose Antonio, Tim N. Ziegenfuss, Robert Wildman, Rick Collins, Darren G. Candow, Susan M. Kleiner, Anthony L. Almada & Hector L. Lopez
Journal of the International Society of Sports Nutrition volume 14, Article number: 18 (2017)
Published: 13 June 2017

㊸ ISSN exercise & sports nutrition review update: research & recommendations
Chad M. Kerksick, Colin D. Wilborn, Michael D. Roberts, Abbie Smith-Ryan, Susan M. Kleiner, Ralf Jäger, Rick Collins, Mathew Cooke, Jaci N. Davis, Elfego Galvan, Mike Greenwood, Lonnie M. Lowery, Robert Wildman, Jose Antonio & Richard B. Kreider
Journal of the International Society of Sports Nutrition volume 15, Article number: 38 (2018)
Published: 01 August 2018

㊹ Effect of Electrolytes on Arterial Muscle Contraction
DAVID F. BOHR, M.D., DONALD C. BRODIE, PH.D., AND DONALD H. CHEU, A.B.

㊺ Table 3 Summary of categorization of dietary supplements based on available literature
ISSN exercise & sports nutrition review update: research & recommendations
Published: 01 August 2018

㊻ Effects of acute carbohydrate ingestion on anaerobic exercise performance
Ben M Krings , Jaden A Rountree , Matthew J McAllister , Patrick M Cummings , Timothy J Peterson , Brent J Fountain , JohnEric W Smith
J Int Soc Sports Nutr.2016 Nov 10;13:40. doi: 10.1186/s12970-016-0152-9. eCollection 2016.

㊼ Supplemental carbohydrate ingestion does not improve performance of high-intensity resistance exercise
Justin R Kulik , Chad D Touchberry, Naoki Kawamori, Peter A Blumert, Aaron J Crum, G Gregory Haff
J Strength Cond Res 2008 Jul;22(4):1101-7. doi: 10.1519/JSC.0b013e31816d679b.

㊽ Muscle glycogenolysis during differing intensities of weight-resistance exercise
R A Robergs , D R Pearson, D L Costill, W J Fink, D D Pascoe, M A Benedict, C P Lambert, J J Zachweija
J Appl Physiol (1985). 1991 Apr;70(4):1700-6. doi: 10.1152/jappl.1991.70.4.1700.

㊾ Muscle glycogen synthesis after exercise: effect of time of carbohydrate ingestion
J. L. Ivy, A. L. Katz, C. L. Cutler, W. M. Sherman, and E. F. Coyle
Journal of Applied Physiology.01 APR 1988

㊿ Vitamin C Improves Endothelium-Dependent Vasodilation by Restoring Nitric Oxide Activity in Essential Hypertension
Stefano Taddei, Agostino Virdis, Lorenzo Ghiadoni, Armando Magagna, and Antonio Salvetti
CirculationVol. 97, No. 22 Originally published 9 Jun 1998

51 Plasma arginine, citrulline, and ornithine kinetics in adults, with observations on nitric oxide synthesis
L. Castillo, M. Sanchez, J. Vogt, T. E. Chapman, T. C. DeRojas-Walker, S. R. Tannenbaum, A. M. Ajami, and V. R. Young Show fewer authors
ENDOCRINOGY AND METABOLISM 01 FEB 1995

52 The Effects of Oral l-Arginine and l-Citrulline Supplementation on Blood Pressure
David Khalaf, Marcus Krüger, Markus Wehland, Manfred Infanger, and Daniela Grimm
Nutrients.2019 Jul; 11(7): 1679.
Published online 2019 Jul 22. doi: 10.3390/nu11071679

53 Pharmacokinetics, safety, and effects on exercise performance of l-arginine α-ketoglutarate in trained adult men
BillCampbellM.S.MikeRobertsB.S.ChadKerksickM.S.ColinWilbornM.S.BrandonMarcelloM.S.LemTaylorM.S.ErikaNassarM.S.BrianLeutholtzPh.D.RodneyBowdenPh.D.ChrisRasmussenM.S.MikeGreenwoodPh.D.RichardKreiderPh.D.
Nutrition Volume 22, Issue 9, September 2006, Pages 872-881

54 Arginine availability, arginase, and the immune response
Bansal, Vishal; Ochoa, Juan B.
Current Opinion in Clinical Nutrition and Metabolic Care: March 2003 - Volume 6 - Issue 2 - p 223-228

55 The Supplementation of Branched-Chain Amino Acids, Arginine, and Citrulline Improves Endurance Exercise Performance in Two Consecutive Days
I-Shiung Cheng,, Yi-Wen Wang,, I-Fan Chen,, Gi-Sheng Hsu,, Chun-Fang Hsueh,, and Chen-Kang Chang
J Sports Sci Med. 2016 Sep; 15(3): 509–515.
Published online 2016 Aug 5.

56 International society of sports nutrition position stand: Beta-Alanine
Eric T. Trexler, Abbie E. Smith-Ryan, Jeffrey R. Stout, Jay R. Hoffman, Colin D. Wilborn, Craig Sale, Richard B. Kreider, Ralf Jäger, Conrad P. Earnest, Laurent Bannock, Bill Campbell, Douglas Kalman, Tim N. Ziegenfuss, and Jose Antonio
J Int Soc Sports Nutr. 2015; 12: 30.
Published online 2015 Jul 15. doi: 10.1186/s12970-015-0090-y

57 Beta-Alanine Supplementation Improves Aerobic and Anaerobic Indices of Performance
Jacob M. Wilsoni, Gabriel J. Wilson, Michael C. Zourdos, Abbie E. Smith, Jeffery R. Stout
Strength and Conditioning Journal: February 2010 - Volume 32 - Issue 1 - p 71-78
doi: 10.1519/SSC.0b013e3181c20875

58 Vascular regulation by the l-arginine metabolites, nitric oxide and agmatine
Santhanam A.V Raghavan, Madhu Dikshit
Pharmacological Research Volume 49, Issue 5, May 2004, Pages 397-414

59 Activation of I2-imidazoline receptors by agmatine improved insulin sensitivity through two mechanisms in type-2 diabetic rats
Chin-Hui Su, I.-Min Liu, Hsien-Hui Chung, Juei-Tang Cheng
Neuroscience Letters Volume 457, Issue 3, 3 July 2009, Pages 125-128

60 Plasma lactate, GH and GH-binding protein levels in exercise following BCAA supplementation in athletes
E. F. De Palo, R. Gatti, E. Cappellin, C. Schiraldi, C. B. De Palo & P. Spinella
Published: February 2001

61 食品たんぱく質の栄養価としての「アミノ酸スコア」
日本食品分析センター
No.46 Dec . 2005

62 Effects of caffeine on bone and the calcium economy
R.P Heaney
Food and Chemical Toxicology Volume 40, Issue 9, September 2002, Pages 1263-1270

63 THE EFFECTS OF TYROSINE AND OTHER NUTRIENTS ON NEUROTRANSMITTER SYNTHESIS IN THE BRAIN AND RETINA
GIBSON, CANDACE J. PhD; WATKINS, CAROL J. MS; WURTMAN, RICHARD J. MD
:Fall 1982 - Volume 2 - Issue 4 - p 332-340

64 Interactions of Phenylalanine, Tyrosine and Histidine in Aqueous Caffeine Solutions at Different Temperatures
A. Ali,S. Sabir,A. K. Nain,S. Hyder,S. Ahmad,M. Tariq,R. Patel
Journal of the Chinese Chemical SocietyVolume 54, Issue 3 p. 659-666
First published: 25 September 2013

65 Creatine HCl and Creatine Monohydrate Improve Strength but Only Creatine HCl Induced Changes on Body Composition in Recreational Weightlifters
Elias de França, Bruno Avelar, Caroline Yoshioka, Jeferson Oliveira Santana, Diana Madureira, Leandro Yanase Rocha, Cesar Augustus Zocoler1, Fabrício Eduardo Rossi, Fabio Santos Lira, Bruno Rodrigues, Érico Chagas Caperuto
Food and Nutrition Sciences Vol.06 No.17(2015), Article ID:62283,7 pages

66 Effects of supplemental citrulline malate during a resistance training protocol
Luckett, William Kinnard.
Mississippi State University. ProQuest Dissertations
Publishing, 2012. 1530701.

67 Effects of carbohydrate ingestion before and during exercise on glucose kinetics and performance
Mark A. Febbraio, Alison Chiu, Damien J. Angus, Melissa J. Arkinstall, and John A. Hawley
01 DEC 2000

68 Metabolism of BCAAs
Jeffrey T. Cole
Branched Chain Amino Acids in Clinical Nutrition pp 13-24
First Online: 15 October 2015

69 Exercise Promotes BCAA Catabolism: Effects of BCAA Supplementation on Skeletal Muscle during Exercise
Yoshiharu Shimomura, Taro Murakami, Naoya Nakai, Masaru Nagasaki, Robert A. Harris
The Journal of Nutrition, Volume 134, Issue 6, June 2004, Pages 1583S–1587S,
Published: 01 October 2004

70 Calcium release from the sarcoplasmic reticulum
M. Endo
PHYSIOLOGICAL REVIEWS Volume 57 Issue 1 January 1977 Pages 71-108

71 Fluid and electrolyte loss and replacement in exercise
R.J. Maughan
Journal of Sports Sciences Volume 9, 1991
Pages 117-142 | Published online: 14 Nov 2007

72 Improved Swimming Pool Achieves Higher Reproducibility and Sensitivity to Effect of Food Components as Ergogenic Aids
Kengo ISHIHARA, Ayumi YAMADA, Yukiko MITA, Ayako GOTO, Tomoe ISHIMI, Haruko MABUCHI, Kazuo INOUE, Tohru FUSHIKI, Kyoden YASUMOTO
Journal of Nutritional Science and Vitaminology 2009 年 55 巻 3 号 p. 301-308

⑬ Evaluation of Exercise Performance with the Intake of Highly Branched Cyclic Dextrin in Athletes
Takahisa Shiraki, Takashi Kometani, Kayo Yoshitani, Hiroki Takata, Takeo Nomura
Food Science and Technology Research 2015 年 21 巻 3 号 p. 499-502

⑭ Fluids Containing a Highly Branched Cyclic Dextrin Influence the Gastric Emptying Rate
H. Takii , Y. Takii (Nagao) , T. Kometani , T. Nishimura , T. Nakae , T. Kuriki , T. Fushiki
Int J Sports Med 2005; 26(4): 314-319
DOI: 10.1055/s-2004-820999

⑮ Fecal osmotic gap and pH in experimental diarrhea of various causes
Andreas J.Eherer,John S.Fordtran
Gastroenterology Volume 103, Issue 2, August 1992, Pages 545-551

⑯ The Role of Skeletal Muscle Glycogen Breakdown for Regulation of Insulin Sensitivity by Exercise
Jørgen Jensen,, Per Inge Rustad, Anders Jensen Kolnes, and Yu-Chiang Lai
Front Physiol.2011; 2: 112.
Published online 2011 Dec 30. Prepublished online 2011 Nov 1.
doi: 10.3389/fphys.2011.00112

⑰ Muscle Glycogen Synthesis Before and After Exercise
John L. Ivy
Sports Medicine volume 11, pages6–19 (1991)

⑱ Muscle glycogen synthesis after exercise: effect of time of carbohydrate ingestion
J L Ivy , A L Katz, C L Cutler, W M Sherman, E F Coyle
J Appl Physiol (1985). 1988 Apr;64(4):1480-5. doi: 10.1152/jappl.1988.64.4.1480.

⑲ Glucose-stimulated insulin secretion: the hierarchy of its multiple cellular and subcellular mechanisms
Paolo Meda , Frans Schuit
Diabetologia 2013 Dec;56(12):2552-5. doi: 10.1007/s00125-013-3073-z.
Epub 2013 Oct 11.

⑳ Insulin Receptor Signals Regulating GLUT4 Translocation and Actin Dynamics
MAKOTO KANZAKI
Endocrine Journal 53:267-293,2006

㉑ Regulation of Muscle Glycogen Metabolism during Exercise: Implications for Endurance Performance and Training Adaptations
Mark A. Hearris, Kelly M. Hammond, J. Marc Fell, and James P. Morton
Nutrients. 2018 Mar; 10(3): 298.
Published online 2018 Mar 2. doi: 10.3390/nu10030298

㉒ International society of sports nutrition position stand: nutrient timing
Chad M. Kerksick, Shawn Arent, Brad J. Schoenfeld, Jeffrey R. Stout, Bill Campbell, Colin D. Wilborn, Lem Taylor, Doug Kalman, Abbie E. Smith-Ryan, Richard B. Kreider, Darryn Willoughby, Paul J. Arciero, Trisha A. VanDusseldorp, Michael J. Ormsbee, Robert Wildman, Mike Greenwood, Tim N. Ziegenfuss, Alan A. Aragon & Jose Antonio
Journal of the International Society of Sports Nutrition volume 14, Article number: 33 (2017)

㉓ NUTRITION FOR ATHLETES : A PRACTICAL GUIDE TO EATING FOR HEALTH AND PERFORMANCE : BASED ON AN INTERNATIONAL CONSENSUS CONFERENCE HELD AT THE IOC IN LAUSANNE IN OCTOBER 2010 / PREP. BY THE NUTRITION WORKING GROUP OF THE INTERNATIONAL OLYMPIC COMMITTEE ; REV. AND UPDATED IN APRIL 2012 BY RON MAUGHAN AND LOUISE BURKE
Maughan, Ron, Burke, Louise , International Olympic Committee. Medical and Scientific Commission
Edited by International Olympic Committee. Lausanne - 2012

CHAPTER 4

# 栄養学的筋肥大のススメ

SECTION 01

# バルクアップの原則

## 増量期の原則とPFCバランス

関連動画はこちらから

筋肉が大きく発達していることや筋肉量が多いことを「バルクがある」などと言います。「バルク（bulk）」とは「体積」や「容量」といった意味で、人に対しては「サイズの大きさ」などを表す言葉として用いられます。「バルクアップ」とは「筋肉を大きくすること」や「筋肉量を増やすこと」、つまり「筋肥大」を指し、結果的に体重も増えるため、ボディメイクにおいては「増量」と同義語になります。

さて、ここでCHAPTER1の復習です。ダイエットでは、消費カロリーが摂取カロリーを上回る「アンダーカロリー」の状態にすることが基本的な原則でした。バルクアップを求める場合はその逆で、摂取カロリーが消費カロリーを上回る「オーバーカロリー」の状態をつくることが必要になります。

### 筋肉をつけたい＝摂取カロリー＞消費カロリー

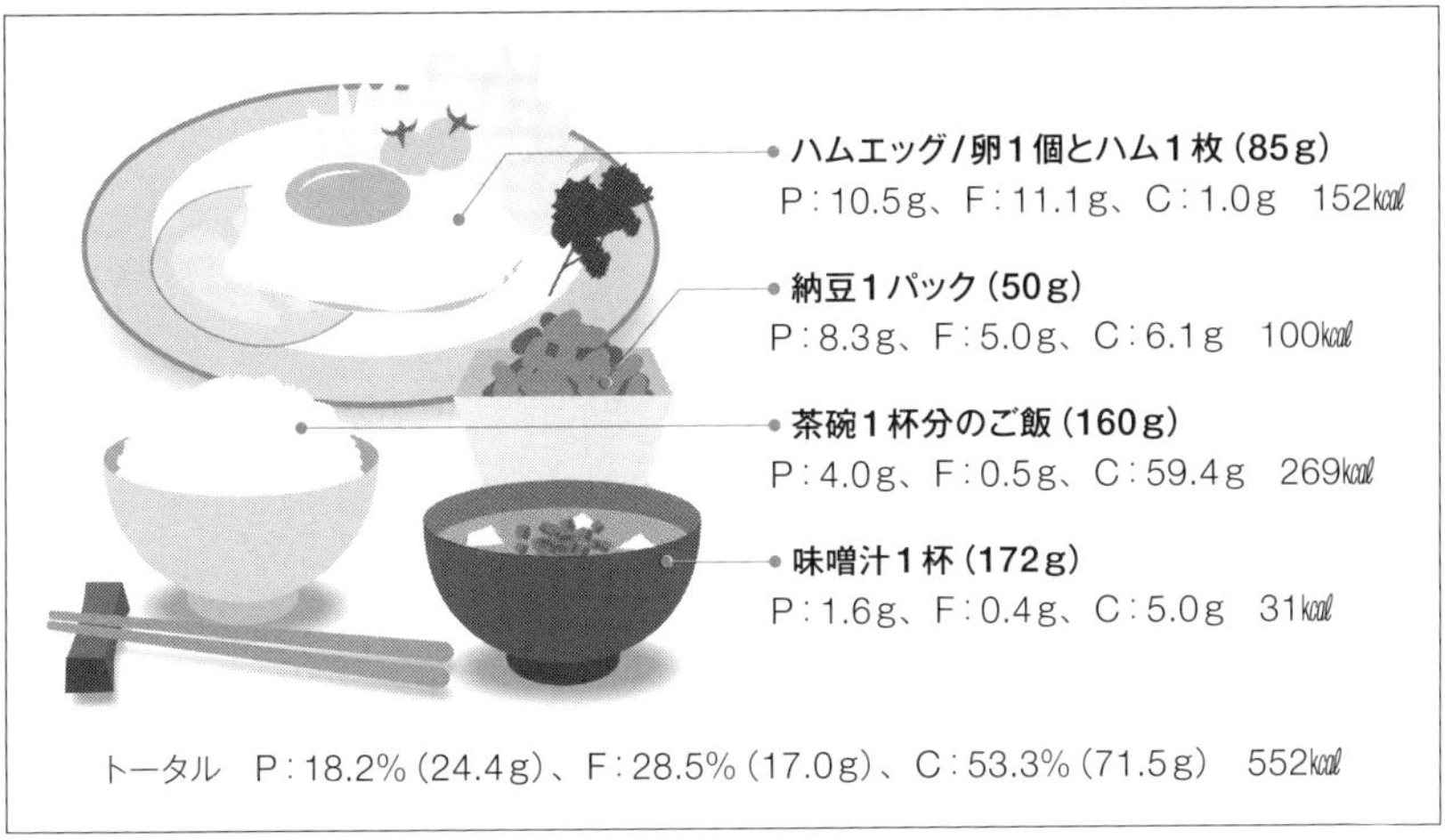


図10　一般的な朝ごはんのPFCバランス

この状態をいかにしてつくっていけばいいのでしょうか。カロリーを摂りたいからと言って、何でもかんでも食べたほうがいいというわけではありません。ここでも考えるべきは、PFCバランスになってきます。

- タンパク質13〜20％
- 脂質20〜30％
- 炭水化物50〜65％

（日本人の食事摂取基準2015年版より）

CHAPTER1で紹介したこの基準をベースにしながら、全体的な摂取量を上げていくことが基本になります。例としては、一般的な食卓でよく見かける朝ご飯が、だいたいそのようなPFCバランスになっています。

体の大きさは人それぞれ（消費カロリーもばらばら）ですから、トータルの摂取カロリーについては、同じ量を食べても、太る方もいれば、痩せる方もいます。その人の生活スタイル、職種、運動習慣などによって活動代謝も違ってきます。ですから、「○○kcalは摂らなければいけない」というような答えはありません。

そして、ほとんどの方にとって、ここで増やしたいのは体脂肪ではなく、筋肉だと思います。「筋肉をつけるためには一度太らなければいけない」などと言われたりもしますが、それは「筋肉をつけようとした結果、少なからず体脂肪も増えてしまう」ことであり、体脂肪をできるだけ増やさずに筋肉をつけたいのが多くの方の本心だと思います。

そのためには、どういった食事を摂るべきでしょうか。体脂肪を増やしたくないとは言っても、バルクアップを図りたいのならば、摂取カロリーを増やさなければいけません。そこで重要になるのが、カロリーをどれくらい増やすべきかという点です。巷では「リーンバルク」や「クリーンバルク」といった言葉をよく聞きます。

## リーンバルクvsクリーンバルク

関連動画はこちらから

インターネットでバルクアップの方法を調べると、まず初めに出てくる言葉がこの2つではないでしょうか。比較の議論をされていますが、言葉が似ているがゆえに、間違って同じ意味合いで使われている場面をよく目にします。では、両者の違いは一体どこにあるのでしょうか。

「リーンバルク」とは、「リーン」＝「脂身が少ない」、「無駄なものがない」という語源からきている食事のスタイルです。余分な体脂肪をなるべくつけないように食事を摂ることでバルクアップを図る方法です。

体重が増えもしなければ減りもしない状態、すなわち消費カロリーと現状を維持している摂取カロリーがきれいにつり合っている状態のカロリーを「メンテナンスカロリー」と言います。もしあなたがここ何カ月も体重が変動していないのであれば、現時点で摂っている一日の総摂取カロリーがあなたにとってのメンテナンスカロリーになります。

実際に行われているリーンバルクを見てみると、「メンテナンスカロリー＋500kcal」の範囲でオーバーカロリーとなるようなクリーンな食事を摂り、体脂肪を極力増やさないようにしながら筋肉をつけていくというものが多いでしょう。

では、「クリーンな食事」とは一体何でしょうか？　これは脂身の少ないタンパク源、加工されていない食材、食物繊維の多い野菜など、文字通りのきれいな食事を意味します。玄米にササミ、ブロッコリーにトマトといった「ビルダー食」と言われるものを想像すれば、分かりやすいかもしれません。

こういったものを多く食べながらバルクアップを図っていくのが「クリーンバルク」

です。これには、「メンテナンスカロリー＋500kcal以内」といった総摂取カロリーに関する決まりはありません。例えば、一日の総消費カロリーが3000kcalの方が、「玄米、ササミ、ブロッコリー」だけで一日に8000kcal分を食べたとします。これも「クリーンバルク」です。同じような食事で3500kcal分を食べていたとしたら、これは「リーンバルク」でもあり、「クリーンバルク」でもあります。

つまり、「リーンバルク」と「クリーンバルク」に明確な優劣はつけにくく、万人に対して、どちらがいいとは、一概に言えない部分があります。しかしながら、体脂肪を増やす覚悟でたくさん食べたほうが筋肉はつきやすいのか、それとも体脂肪をつけないように気をつけながら増量したほうがいいのか、その最適解は押さえておいて損はないでしょう。

結論としては、早く筋肉をつけたいのならばクリーンバルク、時間がかかってもいいから筋肉だけを極力つけたいのならばリーンバルクが推奨されます。

その根拠となる興味深い実験結果（参考文献㉞）が、2019年に発表されています。被験者は11人のボディビルダーで、平均身長175cm、平均体重90kg、平均年齢27歳前後と、ある程度の筋肉量をすでにつけた日本人から見れば、かなり大柄な選手たちが対象にされています。この11人を「軽度のオーバーカロリーの食事を摂ったグループ」と「大幅なオーバーカロリーの食事を摂ったグループ」の2グループに分け、4週間同じトレーニングを行った上で、筋肥大の効率と体脂肪の蓄積を比較しました。

両グループの食事内容の相違点は炭水化物の量です。次にその一日の食事内容の違いを簡単に列記します。

・軽度のオーバーカロリーの食事を摂ったグループ
炭水化物…726g、タンパク質…185g、脂質…95g
・大幅なオーバーカロリーの食事を摂ったグループ
炭水化物…1170g、タンパク質…162g、脂質…84g

「大幅なオーバーカロリーの食事を摂ったグループ」のオーバーカロリーは2500㎉ほどですが、脂質に関しては、むしろこのグループのほうが少なくなっています。また、「軽度のオーバーカロリーの食事を摂ったグループ」は一日のオーバーカロリーが1000㎉ほどあり、これを「リーンバルク」の範疇に入れていいのかどうかは微妙なところです。これは「リーンバルクとクリーンバルクのどちらがいいのか」を結論づけるというよりは、あくまでもこの2つのグループを比較した上での結果です。

・筋肉量
大幅なオーバーカロリーの食事を摂ったグループ…0・42%増
軽度のオーバーカロリーの食事を摂ったグループ…0・17%増

・体脂肪の蓄積
大幅なオーバーカロリーの食事を摂ったグループ…0・33%増
軽度のオーバーカロリーの食事を摂ったグループ…0・03%増

これを見ると、筋肉量の増加は「大幅なオーバーカロリーの食事」を摂ったほうが2・6倍速く、体脂肪の蓄積は「軽度のオーバーカロリーの食事」を摂ったほうが4分の1程度に抑えられるという結果となっています。

ただし、これはあくまでも参考としての数値です。また、アメフトやラグビーのように「デカくて動ける身体」を求める場合と、コンテストに出場する方たちのように「絞っても筋肉量を残せる身体」を求める場合とでは、食事の内容が変わってきます。

「リーンバルク」と「クリーンバルク」という言葉にとらわれるのではなく、PFCバランスを考慮しながら食事量を調整し、自分に合った食事のパターンを探し出すことが大事です。

## 筋肥大の限界とFFMI

関連動画はこちらから

トレーニングをし、栄養摂取に気をつけて、筋肉がだんだんとついてくると、自分の筋肉量が平均値と比べてどれくらいのレベルに達したのかを把握したくなる方がいるのではないでしょうか。

自分の体型を推し量る国際的な指標に「ＢＭＩ」があります。計算式は［体重(kg)］÷［身長（m）×身長（m）］で、身長１７０㎝で体重70kgの方の場合は、

70÷（1・7×1・7）＝24・2

となり、日本肥満学会の基準では「標準」になります。

しかし、このＢＭＩは身長と体重しか考慮されていないため、筋肉量があって体重が重たい方は、仮に体脂肪率が５％だったとしても「肥満」と判断されてしまうことが多々あります。トレーニングをしている方で、身長１７０㎝、体重75kg以上の方はザラにいますが、仮に75kgだとしたら、ＢＭＩ値は「25・9」であり、この数字だけだと「程度1の肥満」になってしまいます。

こういった懸念点を避けるべく、ぜひ参考にしていただきたいもう一つの指標があります。「ＦＦＭＩ（fat free mass index）」です。「fat free（ファットフリー）」、つまり除脂肪体重でその人の体組成を判断するもので、「除脂肪体重指標」とも言われます。計算式自体はシンプルで、とても簡単です。

ＦＦＭＩ＝［除脂肪体重（kg)］÷［(身長（m）×身長（m）］

ただし、この計算式を用いるには、信頼できる体組成計で自分の体脂肪率をあらか

じめ把握しておく必要があります。除脂肪体重は、体重（kg）×（1－体脂肪率）で割り出せます。その計算で導き出された数値をもとに、平均値と比較して自分の筋肉量を判断します。一般の人のFFMIの平均値は次の通りです（参考文献㊵）。

18〜34歳　男性17・6〜20・2、女性14・3〜16・7
35〜54歳　男性17・9〜20・7、女性14・9〜17・3

身長170㎝、体重75kg、体脂肪13％の方は、BMIでは「程度1の肥満」に認定されますが、FFMIは22・58で、トップアスリートレベルの筋肉量の持ち主になります。

このFFMIによって、自分の総体的な筋肉量を推し量ることができます。「FFMI」で検索すると、自動で計算してくれるサイトがたくさんヒットします。長くトレーニングをしている割にまだ平均値に近い方は、食事やトレーニング方法などに改善の余地があるかもしれません。

SECTION 02

# 筋肥大のためのタンパク質とアミノ酸

## タンパク質、ペプチド、アミノ酸の違いを理解しよう

「筋肉の材料となるアミノ酸」といった言葉をCMなどで耳にすることがあります。また、サプリメントを探していると、「ホエイプロテイン」のすぐ近くに「ホエイペプチド」という商品を見かけたりします。「結局、何を摂ればいいの？」、そんな疑問にぶつかる方が少なくないでしょう。

それぞれのメリットとデメリットを理解することで、目的に対して最も効率のいい栄養摂取を実現できます。ここでは、身体づくりに必要不可欠な基礎知識のおさらいとして、「タンパク質」、「ペプチド」、「アミノ酸」の違いとその特性を解説していきます。

〈タンパク質〉

人体を構成する物質で最も多いのは水で、身体全体の約60％を占めていると言われます。その次に多いのがタンパク質です。筋肉だけでなく、骨、髪、爪、血液なども

タンパク質でできています。人体にとって最も重要な栄養素の一つです。「プロテイン」はトレーニングをしている方なら誰もが摂るマストアイテムです。その言葉を聞いて、いわゆる「プロテインパウダー」を連想する方が多いと思いますが、「プロテイン」とは要するにタンパク質。タンパク質を英語で言うとProteinなのです。

このタンパク質は、「アミノ酸」という小さな栄養素が鎖で50個以上つながったものを指します。ただし、全てのタンパク質が同じアミノ酸の比率でできているわけではなく、その構成はタンパク源によって異なります。例えば、アジのタンパク質にはリジンというアミノ酸が豊富に含まれますが、白米のタンパク質の場合はリジンが少ないのです。

## 〈アミノ酸〉

タンパク質100gは、すなわちアミノ酸の集合体100gです。言い換えれば、タンパク質を分解するとアミノ酸になります。角砂糖を粉々に砕いたら砂糖になるのと同様です。

アミノ酸には、体内で合成できないとされている9種類の必須アミノ酸と準必須アミノ酸11種類の計20種類が存在します（**表3**）。しかし、必須アミノ酸は人間の身体の中では合成できないとされているため、食事などで外部から摂取する必要があります。

| 必須アミノ酸<br>体内で合成できない | | 非必須アミノ酸<br>体内で合成できる | |
|---|---|---|---|
| スレオニン | トリプトファン | アスパラギン | アスパラギン酸 |
| ヒスチジン | フェニルアラニン | アラニン | アルギリン |
| メチオニン | リジン | グリシン | グルタミン |
| バリン | ロイシン | グルタミン酸 | システイン |
| イソロイシン | | セリン | チロシン |
| 分岐鎖アミノ酸（BCAA）：バリン、ロイシン、イソロイシン | | プロリン | |

**表3　必須アミノ酸と非必須アミノ酸**　ヒスチジンは「非必須アミノ酸」に分類される場合があるが、乳幼児などは体内で合成することができず、成人も体内での合成量が少ないため、「必須アミノ酸」に区分される

　そして、口に入れたタンパク質が小腸から体内に吸収される際には、一度、アミノ酸の形にならなければいけません。そのため、タンパク質を摂取したとしても、それを吸収するために「消化・分解」の工程を挟みます（参考文献86）。サプリメントなどで市販されているアミノ酸はすでに分解された形であるため、「消化・分解」の工程を必要とせず、身体に速やかに吸収されていきます。

　複数のアミノ酸がパッケージされているサプリメントの代表としては、「EAA（Essential Amino Acids）」や「BCAA（Branched Chain Amino Acids）」などがあります。EAAは、必須アミノ酸9種類の総称として、その名称が使われる場合がありま

す。

サプリメントとし発売されている「ＥＡＡ」はトレーニング中の摂取を目的とするものが多いため、身体や精神をリラックスさせてしまう作用が報告されているトリプトファンが入っていないものが目立ちます。ＢＣＡＡは、日本語では「分岐鎖アミノ酸」で、ロイシン、バリン、イソロイシンという3つのアミノ酸の総称です。アミノ酸のサプリメントとしては、ほかにアルギニン、グルタミン、ロイシンなどが単体でも発売されています。

## 〈ペプチド〉

これもサプリメントや美容品などでよく見かける単語です。ペプチドとは、アミノ酸が2つ以上50個未満つながっているものを指します。アミノ酸の数が2つであっても10個であっても49個であっても、みんなペプチドです。これには単一の同じアミノ酸が結合しているものもあれば、別々のアミノ酸が結合しているものもあります。2つつながっているものを「ジペプチド」、3つつながっているものを「トリペプチド」と言います。（図11）

ここで気になるのが、アミノ酸とペプチドのどちらが吸収効率で優れているのかという点です。分子はアミノ酸のほうが小さいため、こちらのほうが無駄なく吸収されそうですが、「ペプチド」が商品化されているということは、そこに何らかの存在意

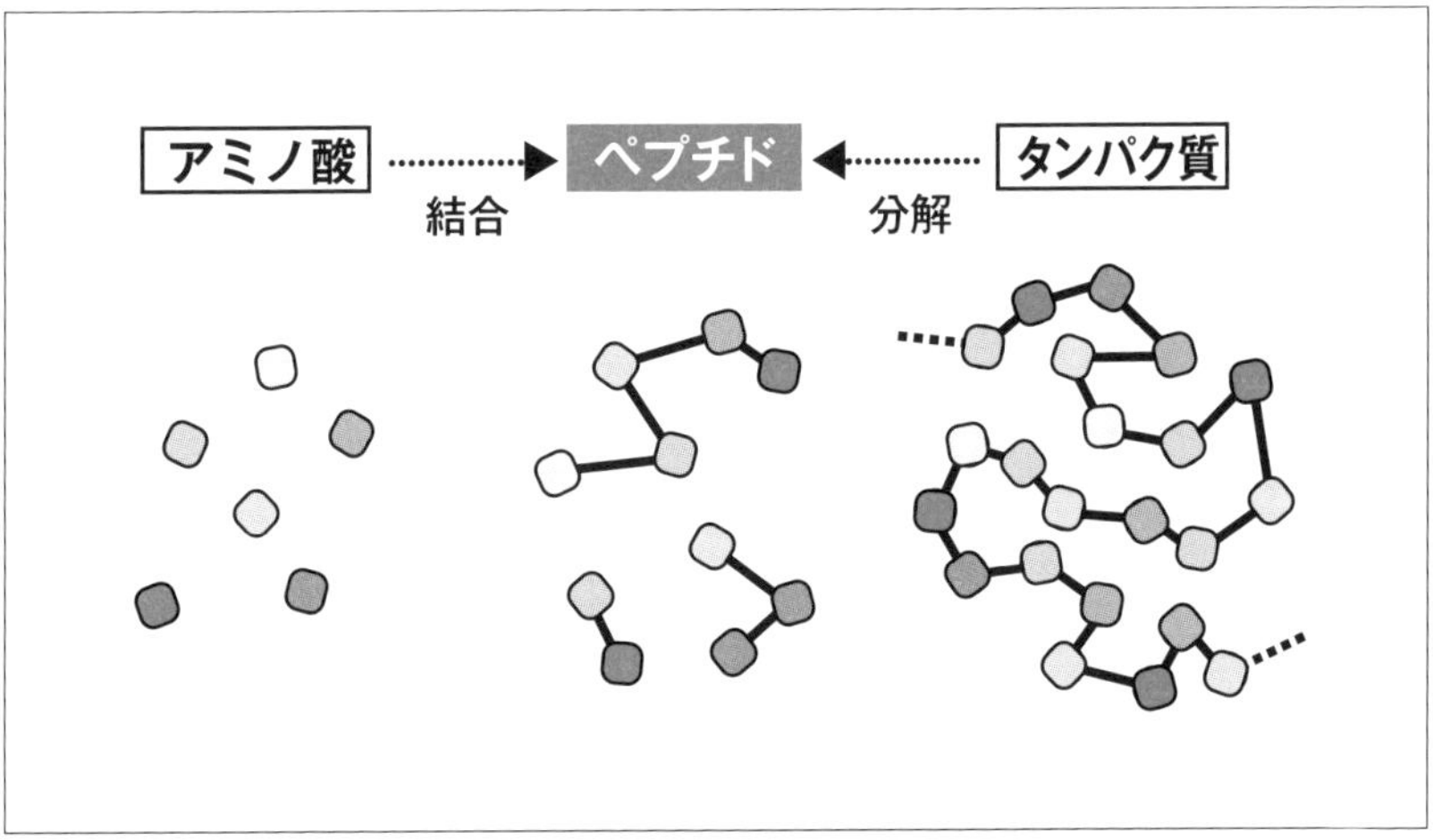


図11　アミノ酸、ペプチド、タンパク質のイメージ図

義があるはずです。

身体の中にはジペプチド、トリペプチド、そしてアミノ酸単体の3つに特化したアミノ酸の吸収システムがあります（レセプター）。1人乗り専用、2人乗り専用、3人乗り専用のエレベーターがあったとします。それぞれ「専用」なので、例えば3人乗り専用のエレベーターに1人もしくは2人で乗り込むことはできません。その前のロビーには、タンパク質から分解されたアミノ酸たちが早くエレベーターに乗り込もうと行列をなしています。

〝お一人様〟は1人乗り専用のエレベーターの前に並ぶしかありません。一方で、3人専用のエレベーターに乗れなかった3人組がいたとします。そのグループは「1人」と「2人」に分かれた上で、1人乗り専用と2人乗り専用のエレベーターに並び直すことができます。2人乗り専用エレベーターに乗れなかった2人組も、ペアを解消して別々に1人乗り専用エレベーターに並び直すことが可能です。

つまり、アミノ酸単体よりも、2つ、もしくは3つのアミノ酸がつながったペプチドのほうが吸収されるスピードが全体的に速く、その割合も高くなります。「アミノ酸単体」の吸収システムにトリペプチドが吸収されなかったとしても、そのトリペプチドが「アミノ酸1つ」と「アミノ酸2つ」の状態に分解されると、「アミノ酸単体」専用の吸収システムでも「ジペプチド」専用の吸収システムでも吸収されるため、結果としてロスが少なくなるのです（参考文献㊇）。

## 3種類のホエイプロテイン

多くのトレーニーがサプリメントの中で一番最初に選ぶのが「プロテイン」でしょう。プロテインパウダーには、一般的に好まれやすいホエイに加え、大豆由来のソイプロテイン、卵由来のエッグプロテイン、牛肉由来のビーフプロテイン、牛乳由来のカゼインプロテインといった、様々な種類が存在します。それぞれのプロテインには特性があり、吸収効率が高いものもあれば、低いものもあります。

その中で最も吸収効率が高いとされているのがホエイです。「じゃあ、まずはホエイプロテインから買ってみよう」と検索をかけてみると、ホエイにもいろいろな種類があり、価格帯もバラバラなことに驚くかもしれません。大きく分けると、ホエイプロテインには3つの種類が存在します（参考文献㊽、㊾）。それぞれについて解説していきましょう。

## 〈WPC（Whey Protein Concentrate）〉

「ホエイ」は日本語では「乳清」と呼ばれ、原材料である牛乳からカゼインなどを取り除いたものです。ヨーグルトのふたを開けると、上の部分に透明な液体が溜まっていますが、それがまさに「ホエイ」です。

WPCは、フィルターのようなもので牛乳をろ過（濃縮膜処理法）してタンパク質を摂り出し、不要な部分を排除して濃縮したものです。「ホエイプロテイン」として流通しているものの多くが、このWPCです。

「プロテイン」と言っても、そのパウダー全てがタンパク質なのではありません。市販されているWPCのタンパク質含有量は60〜80%ほどになります。特性としては、ろ過の過程で乳糖が含まれてしまうため、糖質の摂取をできるだけ避けたい方、牛乳を飲んでおなかがゴロゴロするような方（乳糖不耐性）には向かないかもしれません。

そのいずれにもあてはまらない方にとっては、WPCはコストパフォーマンスの面でも非常に優れた製品だと言えます。バルクアップ中の方や、とにかく量を摂りたい方などには、とても適したプロテインです。もともとの乳清に含まれていたビタミンやミネラルの一部が残留しやすいのも、特徴の一つです。

### 〈WPI（Whey Protein Isolate）〉

ホエイプロテインの中には、価格が少し高めのものがあります。それらの商品のパッケージには「WPI」もしくは「Isolate」といった文字がおそらく書かれていると思います。

これは、WPC製法によってつくられたタンパク質から、イオン交換法と言われる方法を用いて、余分なものを取り除いてできたもので、乳糖を含むタンパク質以外の物質はほとんど含まれていません。タンパク質含有量は80～90％を誇ります。減量中で、タンパク質以外のものは少量であっても摂りたくない方にはうってつけの製品です。ただし、イオン交換法を用いる際に、身体にとって必要なカルシウムなどの栄養素が取り除かれてしまう場合があります。

少し高めのホエイプロテインには「CFM（Cross Flow Microfiltration）」と書かれたものがあります。これは、WPIとWPC両者の製法の「いいとこ取り」をしたような製品です。タンパク質含有量はWPIとほぼ同じですが、カルシウムなどの有用な栄養素は残されています。BCAAの含有量はホエイプロテインの中で最も多く、WPCが全タンパク質の18%、WPIが20%のBCAAが含まれているのに対し、CFM製法は平均で22%ほど含んでいます（参考文献89）。ハードな減量中に摂取したい方におすすめできるプロテインです。

## 〈WPH〈Whey Protein Hydrolysate〉〉

3種類のホエイプロテインの中で最も吸収効率がいいのがWPHです。これはタンパク質が加水分解によって体内で少し消化されたような状態、つまりペプチド状に分解されており、摂取後はスムーズに吸収されていきます。平均的なBCAAの含有量は22%程度とCFMに引けを取りません。ただし、その分、コストがかかります。

2019年に発表された研究（参考文献90 対象：年齢28・7±3・6歳、BMI25・5±2・9歳、体脂肪23・0±6・3%）によると、一般的なホエイプロテインを摂取させたグループとWPHを摂取させたグループを比較したところ、後者のグループのほうが有意な筋タンパク合成を確認できたとの結果が出ています（P158 図12）。

さて、ここで気になるのがタンパク質含有量です。WPHはタンパク質がより細かく分解されたものなので、タンパク質含有量はWPIを上回る90%以上のものがほとんどなのではないかと思われがちです。しかし、実際には95%のものもあれば、70%程度のものもあります。価格と含有率が必ずしも一致しないのがWPHの特徴

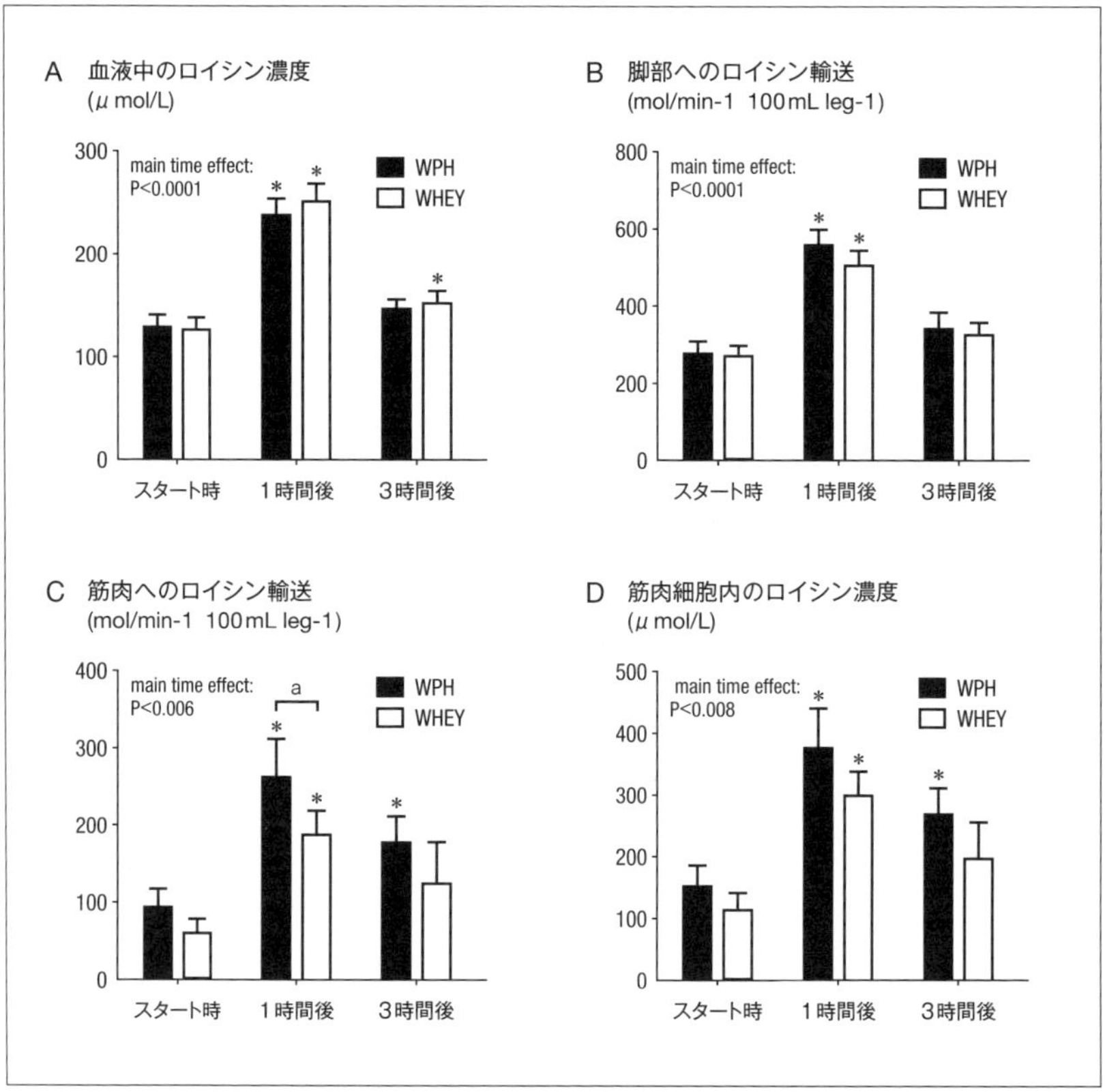


図12 若い男性におけるWPHおよび一般的なホエイプロテインのロイシン動態（参考文献⑨⓪）

でもあるので、パッケージをしっかりと見て判断する必要があります。

## ソイプロテインは筋肥大を抑制する？

関連動画はこちらから

「ホエイ」が市場に出回るようになる以前の1990年代の前半くらいまでは、プロテインと言えば、「ソイ（大豆）」が主流でした。しかし、ホエイがプロテインのメインストリームになって以降は、「ソイプロテインを摂ることで筋肉がつきにくくなる」といったことが、まことしやかにささやかれるようになりました（参考文献㉛）。

ソイプロテインに含まれるイソフラボン、これはポリフェノールの一種で大豆の「苦み成分」なのですが、このイソフラボンが女性ホルモン、特に「エストロゲン」の構造に似ているところから（P160 図13）、受容体とマッチしてエストロゲンのように働くのではないかと考えられました。つまり、ソイプロテインを摂ると、女性ホルモンが増えて女性的な丸みを帯びた体型になり、そのため、筋肉がつきにくくなるのではないかと考えられたのです。

結論から先に言えば、**ソイプロテインを摂ったために女性ホルモンが顕著に増える、筋肉がつきにくくなるといったことはほとんど起こりません**（参考文献㉜）。

主なイソフラボンには「ゲニステイン」、「ダイゼイン」、「グリステイン」などがあ

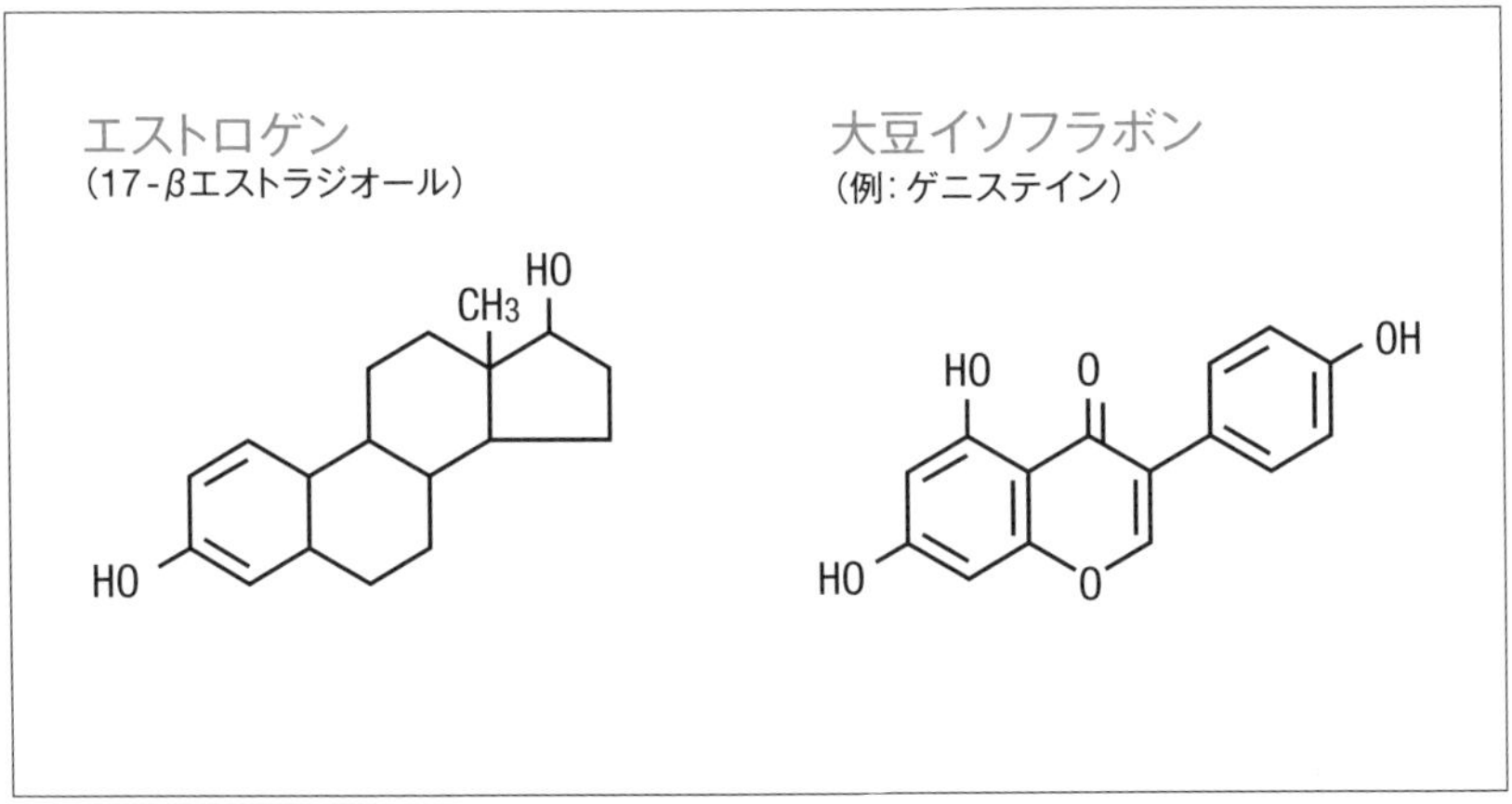


図13　エストロゲンと大豆イソフラボンの分子構造（参考文献93）

ります。これらが人体の受容体とマッチして体内で活性を持つものは「植物性のエストロゲン」と言われます。ただし、これらが本当にエストロゲンと同様の働きをするのかについては、いまだに議論が続いています。エストロゲンに近い働きが臨床実験で確認できたという研究結果（参考文献92）もあれば、イソフラボンと乳がんの影響を観察した結果、「相関関係がまったくなかった」と結論づけているレビュー（参考文献94）もあります。

イソフラボンを摂ったために男性ホルモンと女性ホルモンのバランスが著しく崩されたということは考えにくいでしょう。

プロテインの選択肢として考えると、筋肥大を目的にした場合、ソイは筋タンパク合成効率ではホエイに劣ります。筋肥大を目的としたタンパク質摂取であれば、ホエイのほうが優秀であることが、次の2つの理由から、複数の研究によって報告されています。

①タンパク質1gあたりを構成するアミノ酸の比率

具体的に言うと、ホエイとソイを比較した場合、ソイのほうが筋肥大のトリガーとなるロイシンの含有率が少なくなっています（ロイシン含有量はWPI 21gとソイプロテイン29gで同じと報告されている＝参考文献㊺、㊻）。

②利用効率

植物性のタンパク質は口から摂取したとしても、その全てが体内で使われるわけではありません。利用効率はホエイのほうが高く、その分、血中アミノ酸濃度を高められます。つまり、アナボリックな状態をよりつくりやすいということです（この「利用効率」についての詳細は後述します）。

しかし、「ホエイでなければ絶対にダメ」、「ソイは避けるべき」というわけではありません。特に、乳糖不耐症でホエイを摂るとおなかがゴロゴロするような方はソイを選択しても問題ありません。βコングリシニンのような、ホエイでは補えない栄養素もあります。筋肥大というよりは栄養摂取目的でソイを摂るのは、決して悪い選択ではないのです。

ソイとホエイのいいとこどりをしよう、もしくは「味が好きだから」などの理由でホエイを豆乳で割って飲む方がいるかもしれませんが、もしかすると、これは注意すべき組み合わせかもしれません。タンパク質の分解酵素（トリプシン）の働きを阻害してしまうトリプシンインヒビターという酵素が大豆に含まれているからです。トリプシンインヒビターは熱処理をすると不活性になりますが、ものによっては、その活性が13％ほど残っています（参考文献97）。たまに豆乳で割って飲む分には問題ありませんが、日常的に飲んでいる方は少し注意したほうがいいかもしれません。

## EAA対BCAA、結局どっちがいいの？

関連動画はこちらから

イントラワークアウトのサプリメントとして、必須アミノ酸（ＥＡＡ）を摂っている方がいるかと思います。一部では、イントラワークアウトとしてのＥＡＡはＢＣＡＡの上位互換であるといった意見が見受けられます。

トレーニング中にアミノ酸を摂る目的は、筋分解の抑制、パフォーマンスの維持、筋持久力の維持、疲労を次の日に残さないことなどがあります。151ページでも触れたように、アミノ酸を速く吸収させたい、筋肉にすばやく栄養を与えたい場合には、プロテインよりもＥＡＡのほうが優位です。プロテインは、血中アミノ酸濃度がピークを迎えるまでに、ホエイでも60～105分ほどかかります（参考文献98）が、「消化→分解」の過程を必要としないEAAは20～30分程度で吸収されます（参考文献99）。そのため、アミノ酸の血中濃度をなるべく下げたくないトレーニング中は、プロテインよりもEAAのほうが適していると言えるでしょう。

ただし、EAAが日本の市場に出回る以前は、BCAAをイントラワークアウト用のサプリメントとして摂っていた方が多いと思います。筋肥大を求める方のイントラワークアウトとしては、筋肉の材料となるEAAのほうが優れているのでしょうか、それとも筋肉で直接的に代謝されるBCAAのほうがいいのでしょうか。ここでは、その2つのアミノ酸系サプリメントについて考えていきます。

筋肉をつくる上で最も重要性の高いアミノ酸の一つが、BCAAにも含まれる「ロイシン」です。ロイシンが筋タンパク合成を促進させるとの報告（参考文献100、101）が複数ありますが、ここで解説するメカニズムは、あくまでもその一例だと解釈してください。

トレーニング中はエネルギーとして糖を多く消費するため、血糖値が下がりやすくなります。血糖値が下がっている状態ではインスリンは分泌されにくく、逆に、筋肉などを分解して糖をつくりだす引き金となる、グルカゴン※というホルモンが分泌されやすい環境にあります。

ロイシンは、膵臓からインスリンを微量に分泌させる働き（参考文献102）や、インス

※**グルカゴン**…グリコーゲンの分解や糖新生を促進して血糖値を上昇させる作用を持つホルモン。膵臓から分泌される

リン感受性を高める働き（参考文献⑩③）を持っています。本来ならば、血糖値の増加に応じて分泌されるインスリンですが、ロイシンを摂取することで分泌が促進され、血中にある栄養素を筋肉などにしっかりと運べるようになるというわけです。

もちろん、筋肉の材料となる最低限のＥＡＡが血液中にあることが大前提ですが、筋タンパク合成の効率に作用するという点でロイシンは重要な役割を担います。

２０１４年にマクマスター大学で発表された論文（参考文献⑩④）では、ロイシンとホエイプロテインの摂取バランスを５つのパターンに分類し、どれが筋タンパク合成効率が最も高いのか、その実験結果が報告されています。40名の被験者を対象として、決められた量のホエイプロテインとロイシンをトレーニング後に摂取し、１時間半後から４時間半後の経過を観察しました。摂取バランスのパターンは、次の５つです。被験者はこの５つのグループにランダムに割り振られ、実験に参加しました。

1：ホエイプロテイン25g
2：少量のホエイプロテイン6・25g
3：ホエイプロテイン6・25gとロイシン3g
4：ホエイプロテイン6・25gとロイシン5g
5：ホエイプロテイン6・25gとBCAA5g

筋タンパク合成効率が最も高かったのは「1」と「4」で、この2つのグループは合成効率が大差なくトップクラスでした。この結果から分かるのは、血液中の必須アミノ酸がある程度存在する前提があれば、そこで考えるべきは、BCAAとEAAのどちらがいいのかよりも、ロイシンの値をキープすることです。

この研究では、プラスして摂取するロイシンは3gよりも5gのほうが最大効率を発揮できるという検証結果が出ました。ロイシンを5g摂取するのであれば、ロイシンが2対1対1のバランスで含まれているBCAAに換算すると、10gほどの量になります。EAAであれば、13～15gに相当します（メーカーによって差異あり）。

EAAはBCAAの上位互換であるのかと言えば、筋肥大の点ではそうとも限らないことになります。ただし、繰り返しになりますが、これは「血中アミノ酸濃度が高い状態にある」という前提があっての話で、食事からトレーニングまで4～5時間以上も空いてしまったなどの場合は、EAA（BCAAの比率が高いものが理想）を摂ったほうが血中アミノ酸濃度の底上げにつながります。

## 筋肥大効率を上げるタンパク質の摂り方、6つのテクニック

関連動画は
こちらから

タンパク質をせっかく摂取しても、ちゃんと消化・吸収されないことには「筋肥大」に対して役割を果たしません。吸収できなかったタンパク質は、腸内環境の悪化に影

響したり、そのまま排出されたりしてしまいます（参考文献⑩⑤）。さらには、吸収されたとしても、筋タンパク合成に直結しない場合があります。タンパク質は炭水化物に比べ、コストが割高です。筋タンパクの合成に対して無駄のないタンパク質摂取が、筋肥大への近道になります。そのための方法論を6つ紹介します。

### 1．糖質を一緒に摂取し、インスリンを有効活用する

タンパク質はアミノ酸に分解され、体内に吸収されていきます。そこまでは分かりました。では、吸収されたアミノ酸は、どのようにして筋肉などに届けられるのでしょうか。その運び屋の役目を担うのが、これまでに何度も登場しているインスリンです。タンパク質単体で摂るよりも、糖質と一緒に摂ることでインスリンを分泌させたほうが、より効率的にタンパク質を筋肉に届けることが可能です（参考文献⑩⑥）。

### 2．一度の摂取量に注意する

タンパク質をたくさん身体に入れたいからと言って、50gや100gといった大量のタンパク質を一気に摂取しても、筋肥大の効率が右肩上がりになるとは限りません。

一度に摂取するタンパク質量（0g、10g、20g、40g）と筋タンパク合成効率の関係を探った研究が、2013年に発表されています。この研究では、安静時筋原

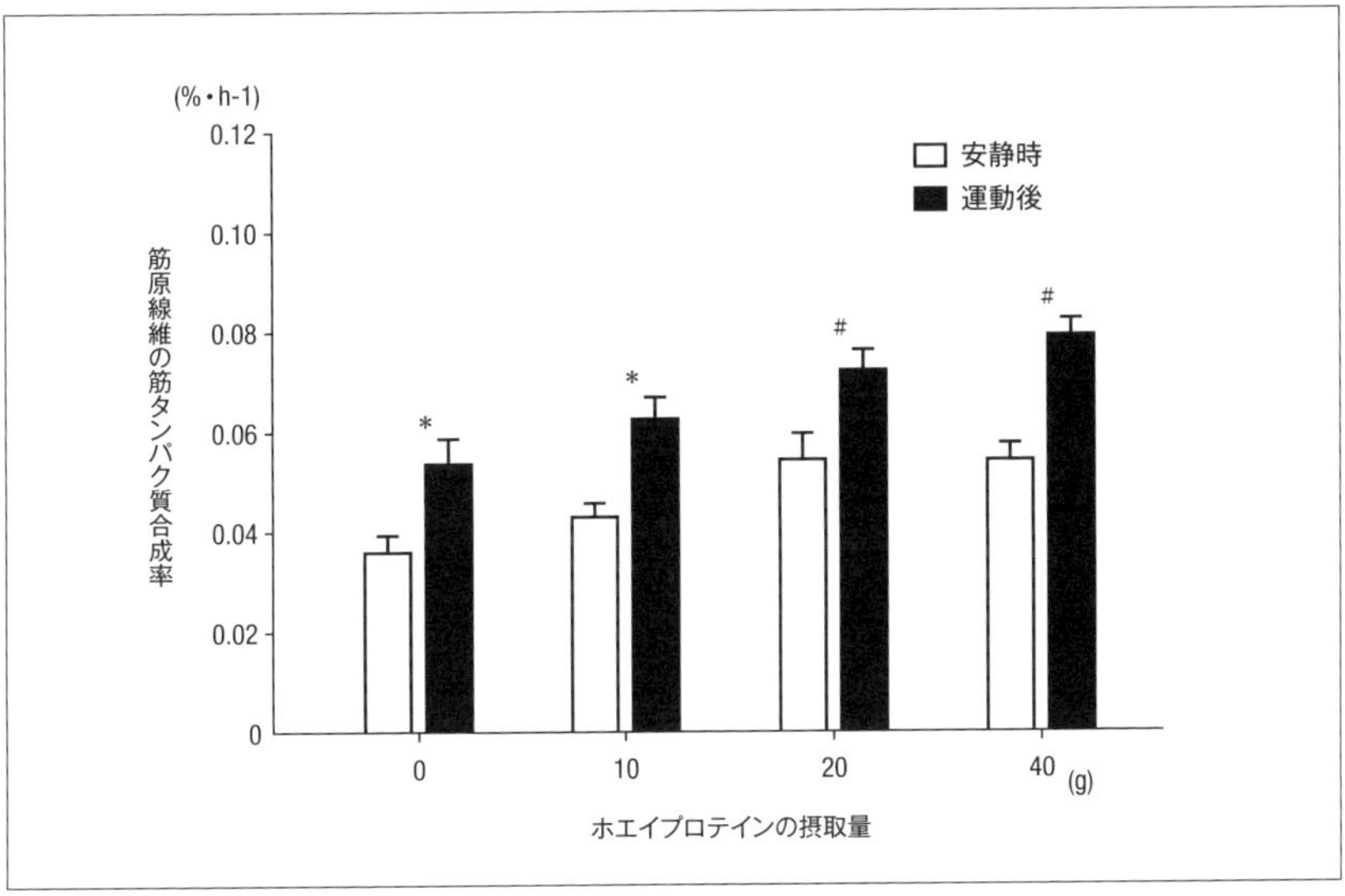


図14 様々な用量のホエイプロテインを摂取させた際の平均的な筋タンパク質合成速度（参考文献(107)）

線維の筋タンパク合成効率は、20gの摂取でピークを迎えたと結論づけられました※（図14参考文献(107)）。

摂取したタンパク質の量が多かったとしても、理論上、吸収自体は時間とともに進みます。しかし、ある一定以上のタンパク質を吸収したとしても、筋タンパク合成に与える正の影響は、必ずしも比例しないとのことです（参考文献(108)）。たくさん摂って損をすることはないかもしれませんが、費用対効果が高いとは言えないでしょう。

ただし、体重が50kgの女性と80kgの男性では、適正量は当然

※20gグループと40gグループがほぼ同値

異なります。一度に摂取するタンパク質上限値の目安としては、「体重×0・4g」という数字が、複数の研究（参考文献⑩9）に共通する回答になります。このような事実からも、一日に200gを摂るのであれば、2〜3回ではなく、5〜6回に小分けしたほうが筋肥大への期待値が高いと言えます。

## 3. 摂取のタイミングを考える

どんなタイミングでタンパク質を摂るかによって、タンパク質の吸収効率が変わってきます。トレーニングの前後など、ポイントとなるタイミングはいくつかありますが、特に重要なタイミングとしては起床直後が挙げられます。前に摂った食事から最も長い間隔が空いているのが、朝起きた直後です。そのときは、一日の中で体内の栄養が最も枯渇している、いわゆる飢餓状態にあります。なるべくスムーズな栄養補給が求められます。

複数の研究（参考文献⑪0、⑪1）によると、早朝は日中よりもインスリンの感受性がいい状態にあるとのことです。つまり、インスリンを引き金としたアミノ酸の利用で筋タンパク合成が起こりやすい状態になっています（参考文献⑪2）。朝はあまり食べられない、もっと寝ていたい方でも、筋肥大を求めるなら20〜40gのタンパク質を摂りたいところです。

### 4. タンパク質の種類を選択する

タンパク質を摂る場合、食事もしくはプロテインパウダーがその主な源になるでしょう。先にも述べた通り、プロテインパウダーには吸収効率が高いものや吸収速度が速いものがあります。また、筋肉にスピーディーにアミノ酸を届けたいトレーニング中などはプロテインよりもアミノ酸を摂るほうが望ましいでしょう。

反対に、食事の間隔が空くため、ゆっくりと吸収させたい場合があります。就寝前にアミノ酸を摂ると、アミノ酸の血中濃度がすぐに上がりますが、その後はすぐに下がり、次に栄養補給するまでずっと低い状態が続いてしまいます。また、すぐに栄養補給したいタイミングでステーキを食べても、今度は消化吸収に時間がかかりすぎてしまいます。タンパク質の種類を意識的に選択することによって、高い血中アミノ酸濃度を一日を通して、平均的に維持するように心がけましょう。

### 5. 食物繊維を事前に摂っておく

食物繊維には、不溶性食物繊維と水溶性食物繊維の2つがあります。ここで推すのは、イヌリンのような水溶性食物繊維です。

水溶性食物繊維には、腸内細菌の中で特にいい働きをする腸内常在菌を増やしてくれる効果があります（参考文献⑪③）。いい働きをする常在菌の割合を増やすと、未吸収のタンパク質がネガティブな働きを持つ常在菌のエサになってしまうことがなくなります。

ここで気をつけるべき点は、タンパク質の前に食物繊維を摂ることです。食物繊維は身体の中に入っていくのに時間がかかるので、タンパク質のおよそ15~20分前に摂るのがベストと言えるでしょう。腸内環境や、おなかを下しやすい、下しにくいなどの体質を考慮した上で、量としては5~10gほど摂取するのが推奨されます。

## 6. 補酵素を一緒に摂る

これは、タンパク質がアミノ酸に分解されて小腸から吸収されたあとの話になります。食事によって摂取したタンパク質は、体内でアミノ酸に一度分解されて吸収されたあと、それが筋肉などに届けられ、筋タンパクなどのタンパク質に合成されます。ここまでの過程においては代謝を繰り返しますが、吸収されたアミノ酸の代謝には、サポーターとなる補酵素が必要不可欠です。

アミノ酸を代謝する際の補酵素として特に重要な働きを担っているのはビタミンB6です（参考文献⑭）。脂肪酸の代謝を助けたり、赤血球をつくったり、いろいろな働きを持っています。しかし、「タンパク質は意識して摂っているけれども、補酵素が不足して代謝に歯止めがかかってしまう」ケースが珍しくありません。

## ゴールデンタイムの「あるない」論争

関連動画はこちらから

「トレーニング後の〇分間は筋肥大のゴールデンタイムなので、そこでプロテインを飲みましょう」とよく言われます。この「ゴールデンタイム」が語られるようになった一つのきっかけは、2004年に発行されたジョー・アイビー博士とロバート・ポートマン博士の共著『Nutrient Timing』とされますが、「ゴールデンタイム」なるものが本当にあるのかについては、議論が続いています。

**トレーニング後にアナボリック作用が高まっている状態、すなわち筋肥大の確変状態のことを「アナボリックウィンドウ」**と言います（参考文献115）。トレーニング後に栄養を摂る目的の一つは、効率的に筋肉を大きくするため、もしくは筋分解を防ぐためです。さらには筋グリコーゲン、水分、電解質などを使ったエネルギーの補充、もしくは疲労回復も挙げられます。ゴールデンタイムの「あるなし」論争はさておき、トレーニング後に栄養を摂ることについて反対する方はおそらくいないでしょう。ここに議論の余地はありません。

では、何をどれくらい、どのタイミングで摂ればいいのでしょうか。筋肥大を促したいのであれば、一番おいしいタイミングに、一番おいしい栄養摂取をするべきです。

**トレーニング後に筋タンパク合成効率が最も高まっている状態があるのは事実で**

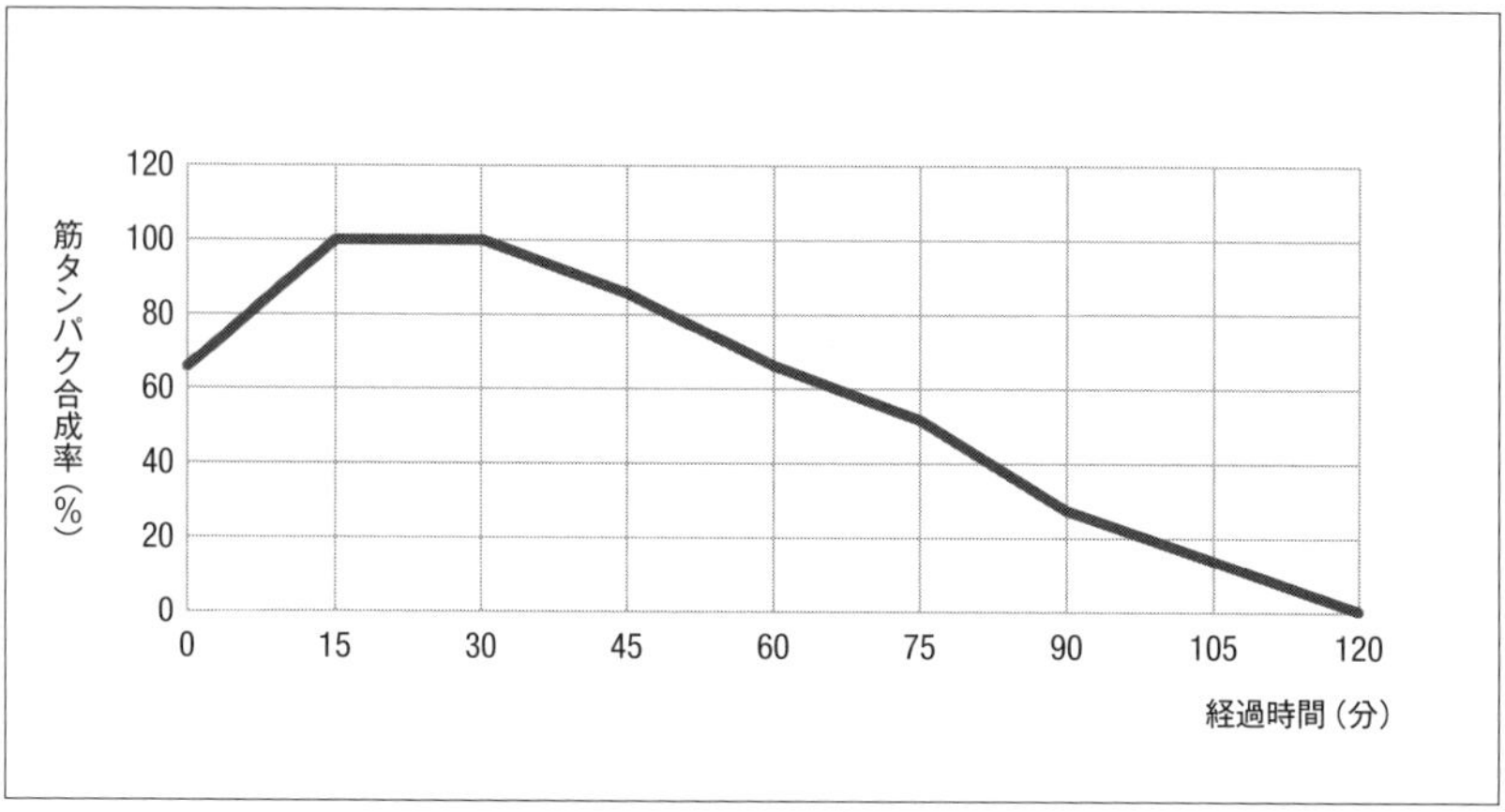


図15　時間経過による筋タンパク合成率の変化（参考文献⑯）

す。

トレーニング終了時から30分後までがピークの時間帯です。そこから次第に右肩下がりになって、約45分から1時間後ほどまでは高い状態をキープし、そこからベースラインに戻っていきます（図15参考文献⑯）。

ただし、これは「タンパク質の吸収率」が高い状態なのではなく、あくまでも「筋タンパク合成効率」が高い状態にあるということです。トレーニング後にタンパク質の吸収効率が上がる時間を「ゴールデンタイム」と定義するにしても、それを事実と結論づけている論文はあまり存在しません。むしろ、筋肉中に血液が集まることで、小腸の働きに影響が出るとの意見があります。世間一般で言われる

「ゴールデンタイム」とは、すなわち「筋タンパク合成効率が上がっている時間帯」と解釈してください。

そして、実際にトレーニングの30分後にホエイプロテインを飲んだとしても、血中アミノ酸濃度がピークになるには少なくとも約1時間ほど必要（参考文献⑰）なため、筋タンパク合成効率が最も高いタイミングとの間には時差が生じてしまいます。筋肥大を効率よく行いたいのであれば、筋タンパク合成効率が高い状態と、タンパク質を摂ってから血中アミノ酸濃度がピークになる状態をリンクさせることが重要です。これは「理論的な話」になりますが、トレーニング時間を1時間とした場合、ゴールデンタイムを狙ってEAAを摂るのであれば、最終種目の前あたり、ホエイプロテインを摂るのであれば、トレーニング開始の15～30分前あたりがいいでしょう。そうすると、筋タンパク合成効率が高くなっているタイミングで血中アミノ酸濃度をピークにすることが可能になります。

SECTION

03

# 筋肥大に欠かせない栄養素

## エビデンスに裏づけされたサプリメントは4つしかない？

関連動画は
こちらから

世の中には「これを摂れば、筋肥大の効率が上がる」、「パフォーマンスが向上する」といった、魅力的なキャッチコピーのサプリメントが数多く市場に送り出されています。

友だちが「これが効いたよ」とおすすめするものもあれば、有名なアスリートが「私はこれを摂っています」とＳＮＳや雑誌などで紹介するものもあります。ただし、そういう「効く」、「効かない」は、あくまでもそれを摂取した方の主観的な感想であり、場合によっては企業の広告戦略が関与していることがあります。

では、客観的な評価で科学的に明確な根拠があり、かつ安全に利用できるサプリメントには、どんなものがあるのでしょうか。

２０１８年８月、栄養とスポーツを研究する学会として信頼度が高いとされるＩＳＳＮから、「市販されているサプリメントは、有効性や安全性の面において、どれくらいの科学的根拠に裏づけされているのか」という趣旨のレビュー（参考文献㊸）が発表されました。

レビュー内では、各サプリメントがAからCの3段階にランク分けされ、「A：有効性および安全性が科学的根拠によって明確に裏づけされているもの」、「B：有効性もしくは安全性が科学的根拠によって限定的に裏づけされているもの」、「C：有効性もしくは安全性を裏づける科学的根拠がほとんどないもの」に分類されています。

筋肥大を目的とした栄養素で「A」評価を獲得したサプリメントは4つあります。市場には多くの筋肥大向けサプリメントが出回っていますが、このレビューにおいて明確な科学的根拠があると評価されたのは次の4つのみです。

- クレアチンモノハイドレート
- プロテイン
- EAA
- HMB

「EAA」と「プロテイン」に関しては、もはや説明は不要でしょう。「クレアチン」については、「筋出力を上げる」、「高重量を挙げるのに効果がある」と思われがちですが、実は筋肥大の作用も報告されています。筋線維のもととなる筋サテライト細胞の増加を促す作用があるからです。

また、筋肉に含まれている栄養と言えば、筋グリコーゲンのイメージがありますが、クレアチンもとても重要なエネルギー源なのです。体内にあるクレアチンの95%が筋肉に貯蔵され、その中の60%はクレアチンリン酸という形で保管されています。ATPの材料として、筋グリコーゲンよりも早く機能するのが、このクレアチンリン酸です。

市場に出ているクレアチンには多くの種類があります。エビデンスの数が特に多く、筋肥大効果が科学的根拠によって裏づけされているのが「クレアチンモノハイドレート／クレアチン水和物」です。複数の報告によると、クレアチンの恩恵をより多く実感するためには「クレアチンローディング」、つまり、溜め込む期間が必要とされています。クレアチンローディングには体重1kgあたり0・3gのクレアチン摂取が一日に必要で、それを5〜7日間にわたって繰り返すことにより、クレアチンの溜め込みが完了します。体重60kgの方の場合は一日に18gの摂取、5gほどを3〜4回に小分けした摂取を約1週間続けます。

ここで気になるのが「HMB」です。日本では2010年の食品区分改正によってサプリメントとしての使用が許可された栄養素で、アミノ酸のロイシンが体内で代謝される際に生成される代謝物質です。働きとしては、筋肉の分解の抑制、筋肥大、筋力の向上、サルコペニアの抑制などが報告されています。2017年頃には日本のサプリメント界を席巻し、「プロテインの○○倍の効果がある」と広告などで謳われたものが多々登場しました。このHMBが日本でブーム化し、多くの商品が販売されるようになった背景には、販売開始当初、ほかのサプリメントに比べて原価率が非常に低く、企業側の利益が大きい商品だったという側面があります。その効果については肯定的な研究結果もあれば、否定的な研究結果もありますが、筋肥大における効果に関しては根拠があるという評価です。

ちなみに、このレビューでは「BCAA」はB評価で、「アルギニン」と「アグマチン」はC評価です。そして、BCAAよりもEAAやHMBのほうが評価が高いところに、2018年当時の時代性が感じられます。

世界各国にはスポーツ系や栄養系の学会がたくさんあり、ISSNはそれらの学会の中の一つにすぎません。ですから、あくまでも一つの評価と捉えるのがいいでしょう。また、C評価に選ばれたサプリメントの中には、研究の結果、効果がないとされたわけではなく、そもそもの研究数が少ないために低評価となったものが多々あります。各栄養素の研究数は、製品化されて市場に流通している栄養素の量に比例する傾向があります。その栄養素の市場ニーズが少なかったり、精製分離する過程が複雑で利益率の低い商品になったりした場合、企業が研究費を投じてその効果を立証しようとするインセンティブが下がります。

ここでの評価は、あくまでも「参考程度」に留めておいたほうがいいかもしれません。しかしながら、限られた予算の中で何を購入するべきか、その優先順位をつける上での一つの目安にはなるでしょう。

## プロテインとリアルフードのタンパク質はこんなにも違う

関連動画はこちらから

マクロ栄養素の中で単価が一番高いのはタンパク質です。ご飯100gと肉類がメインのおかず100gのどちらの値段が高いかは言うまでもないでしょう。だとすれば、タンパク質の摂取は、全てプロテインパウダーでもいいのではないでしょうか。肉類から摂るタンパク質100gも、プロテインパウダーから摂るタンパク質100gも、どちらも分解されればアミノ酸100g。だったら、プロテインパウダーのほうが手軽で、しかも安価です。吸収効率もいいので、一見すると、肉類などの固形物から摂る場合よりも多くの恩恵を受けられそうです。

しかし、固形物には、固形物にしかないメリットがあります。

両者のメリットとデメリットを理解し、自分の目的に合った栄養摂取を選択することで、目的を効率よく達成できます。

### ・身体に残るカロリーの違い／食事誘発性熱産生

これは総消費カロリーの15％ほどを占め、一日に3000㎉を消費する方であれば、

450kcalに相当します（参考文献⑱）。決してバカにできない数字です。プロテインパウダーで全てのタンパク質を補った場合、消化の手間が省けるため、胃と腸、特に胃の働きを必要とせず、食事誘発性熱産生の量が2分の1から3分の1に低下します（参考文献⑲）。減量中で「余計なものを摂りたくないので、夜の○時以降はプロテインパウダーしか摂取しない」という方がいますが、実は、カロリーを効率的に消費したい方こそ、固形物を摂って食事誘発熱産生を促すことが大事なのです。

・タンパク質以外の栄養素の有無

肉、魚、卵などからタンパク質を摂ると、ビタミンやミネラルなどのほかの栄養素も必然的に摂取できます。身体にとって必要な栄養素をタンパク質以外も一緒に摂れるのは、固形物の大きなメリットです。ホエイなどのプロテインパウダーには、微量栄養素が添加されている場合がありますが、栄養プロファイルがタンパク源ごとに異なる固形食は、特定の目的に合わせたチョイスができるといういい面があります。

・唾液の分泌

固形物を食べるときは咀嚼によって唾液が分泌されます。唾液は、口の中を清潔に保つ自浄作用や抗菌作用、過度な酸性に傾くことを抑制するpH緩衝作用など、人体にとってかなり重要な役割を担っています（参考文献⑳、㉑）。また、咀嚼によってレプチンというホルモンが分泌されると、満腹中枢が刺激されます。空腹感を覚えることが減るのも、減量中に固形物を食べるメリットの一つと言えます。

## ・血中アミノ酸濃度の勾配

プロテインパウダーでタンパク質を摂ると、血中アミノ酸濃度の増加も、その後の減少も、比較的早く現れます。それに比べ、固形物でタンパク質を摂った場合は、消化・吸収に時間がかかるため、アミノ酸の血中濃度は時間をかけてゆるやかに上昇し、そしてゆるやかに下降します（参考文献⑫）。食事と食事の間隔が空いてしまうが、血中アミノ酸濃度は一定に保ちたい場合は、固形物のほうが有利です。

このように羅列すると、「プロテインパウダーよりも固形物のほうがいいのではないか」と思えてきますが、固形物には狙った量の栄養素だけの摂取が非常に難しいというデメリットがあります。タンパク質30gを摂りたいが、脂質はほとんど摂りたくないといった場合は、プロテインパウダーのほうが使い勝手がいいのです。

また、ピンポイントでタンパク質を補給したいのであれば、プロテインパウダーやEAAのほうが優れているでしょう。タンパク質を摂りたいときに短時間で補給できるのは、プロテインパウダーの魅力です。忙しい方や食事の時間をコンスタントに確保できない方は、一日に4、5食摂るのは難しいでしょう。しかし、プロテインパウダーなら、間食を簡単に摂れます。

固形物にしてもプロテインパウダーにしても、それぞれにメリットとデメリットがあります。基本的なタンパク質摂取は固形物からをベースにし、起床直後やトレーニングの前後などの速やかな補給が求められる場面ではプロテインパウダーというのが、両者のメリットを享受できる賢い摂り方の一例と言えそうです。

BONUS TRACK
特別インタビュー
by Kento

# 「疲労が溜まったと感じたりしたときは、カーボに頼ります」

MIHARU選手

女性の鍛えられた肉体美を競う「ビキニ」競技。日本人プロビキニ選手第1号として世界を舞台に活躍するアスリートが実践しているリカバリー法とは？

MIHARU（みはる）
1990年1月25日生まれ、愛知県出身。2016年のオールジャパン・フィットネスビキニ選手権大会で競技デビューし、35歳163cm以下級で優勝を遂げた。2017年のアジア選手権フィットネスビキニ163cm級とオーバーオールで優勝したことを機にプロ転向。同年9月のアジアグランプリでプロデビューした

## 一回に食べる量を変えていきます

――コンテストに向けて減量すると、当然、疲労が溜まると思います。そうした際のリカバリー方法として、食事面で気をつけていることは何でしょうか？

MIHARU　パワーが落ちてきたり、疲労が溜まったと感じたりしたときは、カーボ（糖質）に頼ります。時期やコンディションにもよりますが、例えば大会まで2週間以上の期間がある場合は、100g摂っていたところを150gにするなど、1回

に食べるカーボの量を変えていきます。

——一日に摂る食事のカーボ量を均等に増やすのですか?

**MIHARU** トレーニング中とその前後に全部持ってきちゃいます。私の場合はトレーニングを午前中にやってしまうことがほとんどなので、朝起きて、トレーニングの4時間くらい前に1回目のカーボを入れて、トレーニング中にも摂ります。トレーニング後は減量のコンディションにもよりますが、減量があまり進んでいないという場合は、そこではほとんど入れずにタンパク質だけを摂ります。減量がうまく進んでいるときはトレーニング後もカーボをしっかりと摂ります。その代わり、昼過ぎと夕方以降は基本的にカーボを摂らないです。

——何をもって疲労と捉えるのでしょうか。例えば、挙上重量が落ちたとき、起床時にだるさを感じたとき、生理不順のときなど、指標にしているものはありますか?

**MIHARU** いまの例の全部です。どれか一つというのはないです。また、トレーニング中のスタミナは(判断材料として)大きいですね。同じ重量でもレップ数が落ちたり、次のセットに入れなかったりするときは、明らかに疲労です。あと、ライフスタイルの端々でスタミナが切れるとか、ちょっと疲れやすいとか、そういうときは疲労が溜まっている感覚があります。また、私はむくみに出るんです。疲労が溜まると、熱がこもってくる感覚があります。そういうときはカリウムが多めの食材を摂ったり、内臓に負担をかけるような食材を減らしつつ、第三者の力を借りて(溜まった老廃物を）流してもらったりしています。

——食事のバランスや食べるものによって、肌に影響が出ることはありますか？

**MIHARU**　ありますね。（減量期ではない）オフシーズンに露骨に現れます。減量中は炭水化物量、タンパク質量、脂質量とかを管理しながら食べるじゃないですか。種類に関して言うと、私の場合は管理しやすいように一定の食材に絞ります。減量中は余計なものを食べないので、肌がどんどんきれいになっている気がします。でも、オフのときは自分の中で定めたカロリー値の中で食べていいものの幅が広がるので、何でも食べちゃうんですよね（笑）。ジャンクものも脂ものも大好きです。そうすると、ニキビができたり、むくみがひどくなったり、毛穴が開いたりといったことが体感としてあります。

## 一日の終わりに湯船に浸かるのがすごく大事

——食欲がすごく湧くときはありますか？

**MIHARU**　私の場合、日常でのストレスよりは、生理前に食欲がものすごく湧くんですよ。そういうときは食べてしまったあとで、生理が終わってから気合いを入れてトレーニングすればいいかなくらいの気持ちでいます。だけど、メンタルは落ちますね。「また食べてしまったな」みたいなのがあります。「MIHARUさんは生理前に暴食しますか」ってよく聞かれるんですけど、全然します。これに逆らえる人ってなかなかいないんじゃないかなって思います。逆に、食べていいものを目の前に大量に並べておくとか、先手必勝じゃないですけど、何かしら工夫しています。

――食事以外でリカバリーのルーティンはありますか？

**MIHARU** 私は金土日にお酒を飲むことが多いので、月曜日に筋膜リリースの施術を受けて、その3日分の老廃物を全て流すのがルーティン化されています。また、1カ月に2回くらいオイルマッサージなどに行きますし、最近だとストレッチをやっています。ストレッチをやると、むくみが流れる感覚があるので。それ以外では、精神的なストレスを感じないようなライフスタイルを送ることを心がけています。例えば居住空間。あとは、対人関係でストレスを溜めないことですね。一日の終わりに湯船に浸かるのがすごく大事だなと感じています。湯船には結構長い時間浸かりますね。出なくていいんだったら、3時間くらい入っています。単純にお風呂が大好きなので。シャワーで済ます日と湯船に入る日を比べると、疲労の抜け具合がかなり違いますね。

――お風呂に入るのは、疲労対策というよりは、リラックスするためですか？

**MIHARU** そうですね。それこそ、以前はお風呂に入って体温を上げて、出るときに冷水を浴びて、体温が下がっていくのを感じながら眠りにつくみたいなことをやっていました。でも、私の中で何が大事なのかと言うと、お風呂の中で汗をしっかりとかいて、なおかつお風呂の中で自分でマッサージすることなんです。お風呂って石鹸とかがあるので、マッサージしやすいんですよね。お風呂でマッサージをして、スッキリしてそのまま寝るといった感じです。

――精神的なところがベースにある上で、フィジカルのケアを行いつつ、食事面からのアプローチも実施するといった、多角的なアプローチが必要ということですね。

**MIHARU**　そうです、本当にその通りです。

未公開部分を含む
特別編集版動画を公開中！

⑧④ Effects of Different Dietary Energy Intake Following Resistance Training on Muscle Mass and Body Fat in Bodybuilders: A Pilot Study
Alex S. Ribeiro, João Pedro Nunes, BSc., Brad J. Schoenfeld, Andreo F. Aguiar,1 and Edilson S. Cyrino
J Hum Kinet. 2019 Nov; 70: 125–134.
Published online 2019 Nov 30. doi: 10.2478/hukin-2019-0038

⑧⑤ Fat-free mass index and fat mass index percentiles in Caucasians aged 18–98 y
Y Schutz, UUG Kyle & C Pichard
International Journal of Obesity volume 26, pages953–960 (2002)
Published: 25 June 2002

⑧⑥ (B) Mechanisms of peptide and protein absorption: (2) Transcellular mechanism of peptide and protein absorption: passive aspects
Author links open overlay panelPhilip S.BurtonRobert A.ConradiAllen R.Hilgers
Advanced Drug Delivery Reviews Volume 7, Issue 3, November–December 1991, Pages 365-385

⑧⑦ Protein digestion and amino acid and peptide absorption
D. B. A. Silk,G. Grimble,R.G. Rees
March 1985 Proceedings of The Nutrition Society 44(1):63-72
DOI:10.1079/PNS19850011
Source PubMed

⑧⑧ Effects of Whey, Caseinate, or Milk Protein Ingestion on Muscle Protein Synthesis after Exercise
Atsushi Kanda , Kyosuke Nakayama , Chiaki Sanbongi , Masashi Nagata , Shuji Ikegami , Hiroyuki Itoh
Nutrients. 2016 Jun 3;8(6):339. doi: 10.3390/nu8060339.

⑧⑨ Comparative Meta-Analysis of the Effect of Concentrated, Hydrolyzed, and Isolated Whey Protein Supplementation on Body Composition of Physical Activity Practitioners
Luis Henrique A. Castro, Flávio Henrique S. de Araújo, Mi Ye M. Olimpio, Raquel B. de B. Primo, Thiago T. Pereira, Luiz Augusto F. Lopes, Erasmo B. S. de M. Trindade, Ricardo Fernandes, and Silvia A. Oesterreich
Nutrients. 2019 Sep; 11(9): 2047.
Published online 2019 Sep 2. doi: 10.3390/nu11092047

⑨⓪ Whey Protein Hydrolysate Increases Amino Acid Uptake, mTORC1 Signaling, and Protein Synthesis in Skeletal Muscle of Healthy Young Men in a Randomized Crossover Trial
Tatiana Moro, Camille R Brightwell, Brenda Velarde, Christopher S Fry, Kyosuke Nakayama, Chiaki Sanbongi, Elena Volpi, and Blake B Rasmussen
J Nutr. 2019 Jul; 149(7): 1149–1158.
Published online 2019 May 16. doi: 10.1093/jn/nxz053

⑨① Goitrogenic and estrogenic activity of soy isoflavones.
Daniel R Doerge and Daniel M Sheehan
Published:1 June 2002

⑨② Hormonal effects of soy in premenopausal women and men
Mindy S Kurzer
J Nutr. 2002 Mar;132(3):570S-573S. doi: 10.1093/jn/132.3.570S.

⑨③ The Physiological Actions of Isoflavone Phytoestrogens
L Pilšáková, Igor Riecansky, Fedor Jagla
January 2010 Physiological research / Academia Scientiarum Bohemoslovaca 59(5):651-64
DOI:10.33549/physiolres.931902
SourcePubMed

⑨④ Soy isoflavones, estrogen therapy, and breast cancer risk: analysis and commentary
Mark J Messina & Charles E Wood
Nutrition Journal volume 7, Article number: 17 (2008)

⑮ Myofibrillar protein synthesis following ingestion of soy protein isolate at rest and after resistance exercise in elderly men
Yifan Yang, Tyler A Churchward-Venne, Nicholas A Burd,1 Leigh Breen, Mark A Tarnopolsky, and Stuart M Phillips
Nutr Metab (Lond). 2012; 9: 57.
Published online 2012 Jun 14. doi: 10.1186/1743-7075-9-57

96 No Significant Differences in Muscle Growth and Strength Development When Consuming Soy and Whey Protein Supplements Matched for Leucine Following a 12 Week Resistance Training Program in Men and Women: A Randomized Trial
Heidi M. Lynch, Matthew P. Buman, Jared M. Dickinson, Lynda B. Ransdell, Carol S. Johnston, and Christopher M. Wharton
Int J Environ Res Public Health. 2020 Jun; 17(11): 3871.
Published online 2020 May 29. doi: 10.3390/ijerph17113871

97 Studies of Soybean Trypsin Inhibitor. I. Physicochemical Properties
Ying Victor Wu and Harold A. Scheraga
Biochemistry 1962, 1, 4, 698–705
Publication Date:July 1, 1962

98 Plasma amino acid response after ingestion of different whey protein fractions
Michelle M. Farnfield,Craige Trenerry,Kate A. Carey &David Cameron-Smith
International Journal of Food Sciences and Nutrition Volume 60, 2009 - Issue 6
Pages 476-486 | Published online: 09 Sep 2009

99 分岐鎖アミノ酸飲料の単回摂取に対する血中分岐鎖アミノ酸応答
濱田広一郎 , 木場孝繁 , 桜井政夫 [他 ], 松元圭太郎 , 樋口智子 , 今泉記代子 ,早瀬秀樹 , 上野裕文
日本臨床栄養学会雑誌 27(1), 1-10, 2005-08-31
日本臨床栄養学会

100 Leucine. A possible regulator of protein turnover in muscle.
M G Buse and S S Reid
Published in Volume 56, Issue 5 on November 1, 1975
J Clin Invest. 1975;56(5):1250–1261.

101 Leucine Supplementation Improves Acquired Growth Hormone Resistance in Rats with Protein-Energy Malnutrition
Xuejin Gao, Feng Tian, Xinying Wang, Jie Zhao, Xiao Wan, Li Zhang, Chao Wu, Ning Li, and Jieshou Li
PLoS One. 2015; 10(4): e0125023.
Published online 2015 Apr 24. doi: 10.1371/journal.pone.0125023

102 Leucine metabolism in regulation of insulin secretion from pancreatic beta cells
Jichun Yang, Yujing Chi, Brant R. Burkhardt, Youfei Guan,and Bryan A Wolf
Nutr Rev. Author manuscript; available in PMC 2011 May 1.
Published in final edited form as:
Nutr Rev. 2010 May; 68(5): 270–279.
doi: 10.1111/j.1753-4887.2010.00282.x

103 The Emerging Role of Branched-Chain Amino Acids in Insulin Resistance and Metabolism
Mee-Sup Yoon
Nutrients. 2016 Jul; 8(7): 405.
Published online 2016 Jul 1. doi: 10.3390/nu8070405

104 Leucine supplementation of a low-protein mixed macronutrient beverage enhances myofibrillar protein synthesis in young men: a double-blind, randomized trial
Tyler A Churchward-Venne, Leigh Breen, Danielle M Di Donato, Amy J Hector, Cameron J Mitchell, Daniel R Moore, Trent Stellingwerff, Denis Breuille, Elizabeth A Offord, Steven K Baker, Stuart M Phillips
Am J Clin Nutr. 2014 Feb;99(2):276-86. doi: 10.3945/ajcn.113.068775. Epub 2013 Nov 27.

⑮ Effects of Psychological, Environmental and Physical Stressors on the Gut Microbiota
J. Philip Karl, Adrienne M. Hatch, Steven M. Arcidiacono, Sarah C. Pearce, Ida G. Pantoja-Feliciano, Laurel A. Doherty,and Jason W. Soares
Front Microbiol. 2018; 9: 2013.
Published online 2018 Sep 11. doi: 10.3389/fmicb.2018.02013

⑯ Effect of carbohydrate intake on net muscle protein synthesis during recovery from resistance exercise
Elisabet Børsheim , Melanie G Cree, Kevin D Tipton, Tabatha A Elliott, Asle Aarsland, Robert R Wolfe
J Appl Physiol (1985). 2004 Feb;96(2):674-8. doi: 10.1152/japplphysiol.00333.2003. Epub 2003 Oct 31.

⑰ Myofibrillar muscle protein synthesis rates subsequent to a meal in response to increasing doses of whey protein at rest and after resistance exercise
Oliver C Witard, Sarah R Jackman, Leigh Breen, Kenneth Smith, Anna Selby, Kevin D Tipton
The American Journal of Clinical Nutrition, Volume 99, Issue 1, January 2014, Pages 86–95,
Published: 20 November 2013

⑱ Moderating the portion size of a protein-rich meal improves anabolic efficiency in young and elderly
T. Brock Symons, Ph.D., Post-Doctoral Fellow, Melinda Sheffield-Moore, Ph.D., Associate Professor, Robert R. Wolfe, Ph.D., Professor, and Douglas Paddon-Jones, Ph.D., Associate Professor
J Am Diet Assoc. Author manuscript; available in PMC 2011 Oct 20.
Published in final edited form as:J Am Diet Assoc. 2009 Sep 1; 109(9): 1582–1586.
doi: 10.1016/j.jada.2009.06.369

⑲ How much protein can the body use in a single meal for muscle-building? Implications for daily protein distribution
Brad Jon Schoenfeld & Alan Albert Aragon
Journal of the International Society of Sports Nutrition volume 15, Article number: 10 (2018)

⑳ Diurnal Variation in Insulin Sensitivity of Glucose Metabolism Is Associated With Diurnal Variations in Whole-Body and Cellular Fatty Acid Metabolism in Metabolically Normal Women
Jun Yoshino, Paloma Almeda-Valdes, Bruce W. Patterson, Adewole L. Okunade, Shin-ichiro Imai, Bettina Mittendorfer, Samuel Klein
The Journal of Clinical Endocrinology & Metabolism, Volume 99, Issue 9, 1 September 2014, Pages E1666–E1670,
Published: 01 September 2014

(111) Morning Insulin Requirements: Critique of Dawn and Meal Phenomena
William G Blackard, Cornelius O Barlascini, John N Clore and John E Nestler
Diabetes 1989 Mar; 38(3): 273-277.

(112) Effect of insulin on human skeletal muscle protein synthesis is modulated by insulin-induced changes in muscle blood flow and amino acid availability
Satoshi Fujita, Blake B Rasmussen, Jerson G Cadenas, James J Grady, Elena Volpi
Am J Physiol Endocrinol Metab. 2006 Oct;291(4):E745-54. doi: 10.1152/ajpendo.00271.2005. Epub 2006 May 16.

(113) In Vitro Prebiotic Effects of Malto-Oligosaccharides Containing Water-Soluble Dietary Fiber
Eun Yeong Jang OrcID,Ki-Bae Hong ,Yeok Boo Chang ,Jungcheul Shin ,Eun Young Jung ,Kyungae Jo OrcID andHyung Joo Suh 1 OrcID
Molecules 2020, 25(21), 5201;
Received: 8 October 2020 / Revised: 31 October 2020 / Accepted: 5 November 2020 / Published: 9 November 2020

(114) Vitamin B6 and Its Role in Cell Metabolism and Physiology
Marcelina Parra, Seth Stahl, and Hanjo Hellmann
Cells. 2018 Jul; 7(7): 84.
Published online 2018 Jul 22. doi: 10.3390/cells7070084

⑮ Human muscle protein synthesis and breakdown during and after exercise
Vinod Kumar , Philip Atherton, Kenneth Smith, Michael J Rennie
J Appl Physiol (1985). 2009 Jun;106(6):2026-39. doi: 10.1152/japplphysiol.91481.2008. Epub 2009 Jan 22.

⑯ THE FUTURE OF SPORTS NUTRITION
NUTRIENT TIMING
John Ivy, Robert Portman

⑰ A Comparison of Blood Amino Acid Concentrations Following Ingestion of Rice and Whey Protein Isolate: A Double-Blind Crossover Study
Martin Purpura,Ryan Lowery.Jordan M Joy,Eduardo Oliveira De Souza
October 2014
DOI:10.15744/2393-9060.1.306
Project: Game Changer: Plant Proteins for Athletes

⑱ Diet induced thermogenesis
Klaas R Westerterp
Nutr Metab (Lond). 2004; 1: 5.
Published online 2004 Aug 18. doi: 10.1186/1743-7075-1-5

⑲ The physical state of a meal affects hormone release and postprandial thermogenesis
Maddalena Peracchi,Alessandra Santangelo,Dario Conte,Mirella Fraquelli
July 2000 British Journal Of Nutrition 83(6):623-8
DOI:10.1017/S0007114500000799
Source PubMed

⑳ A review of saliva: Normal composition, flow, and function
Sue P.Humphrey,Russell T.Williamson
The Journal of Prosthetic Dentistry
Volume 85, Issue 2, February 2001, Pages 162-169

㉑ Identification of Leptin in Human Saliva
Michael Gröschl, Manfred Rauh, Roland Wagner, Winfried Neuhuber, Markus Metzler, Gültekin Tamgüney, Johannes Zenk, Ellen Schoof, Helmut G. Dörr, Werner F. Blum, Wolfgang Rascher, Jörg Dötsch
The Journal of Clinical Endocrinology & Metabolism, Volume 86, Issue 11, 1 November 2001, Pages 5234–5239,
Published: 01 November 2001

㉒ Effect of food form on postprandial plasma amino acid concentrations in older adults
Travis B. Conley,1 John W. Apolzan, Heather J. Leidy,Kathryn A. Greaves, Eunjung Lim, and Wayne W. Campbell1,
Br J Nutr. Author manuscript; available in PMC 2015 Aug 31.
Published in final edited form as:Br J Nutr. 2011 Jul; 106(2): 203–207.
doi: 10.1017/S0007114511000419

CHAPTER 5

# ここで差が出る筋肥大の応用知識

SECTION
01

# 同じタンパク質でも食材によって利用効率が違う?

関連動画はこちらから

## 「アミノ酸スコア」の基礎と盲点

「アミノ酸スコア」という言葉をご存知かと思います。プロテインのパッケージに「アミノ酸スコア100」などとよく書かれています。

では、一体何が「100」なのでしょうか。このあたりのことを理解できている方は案外少ないかもしれません。何といっても「100点」ですから、タンパク源として優秀だろうということは分かりますが、「アミノ酸スコア」とはそもそも何なのでしょうか。

これは、体内で合成が難しい9つの必須アミノ酸が、どれほどのバランスで入っているかを評価する数値で、一言で言えば、タンパク質の栄養価を示す指標です(参考文献61)。例えば、8つの必須アミノ酸が「100点」だとしても、一つの必須アミノ酸が「50点」なら、アミノ酸スコアは「50」になります。

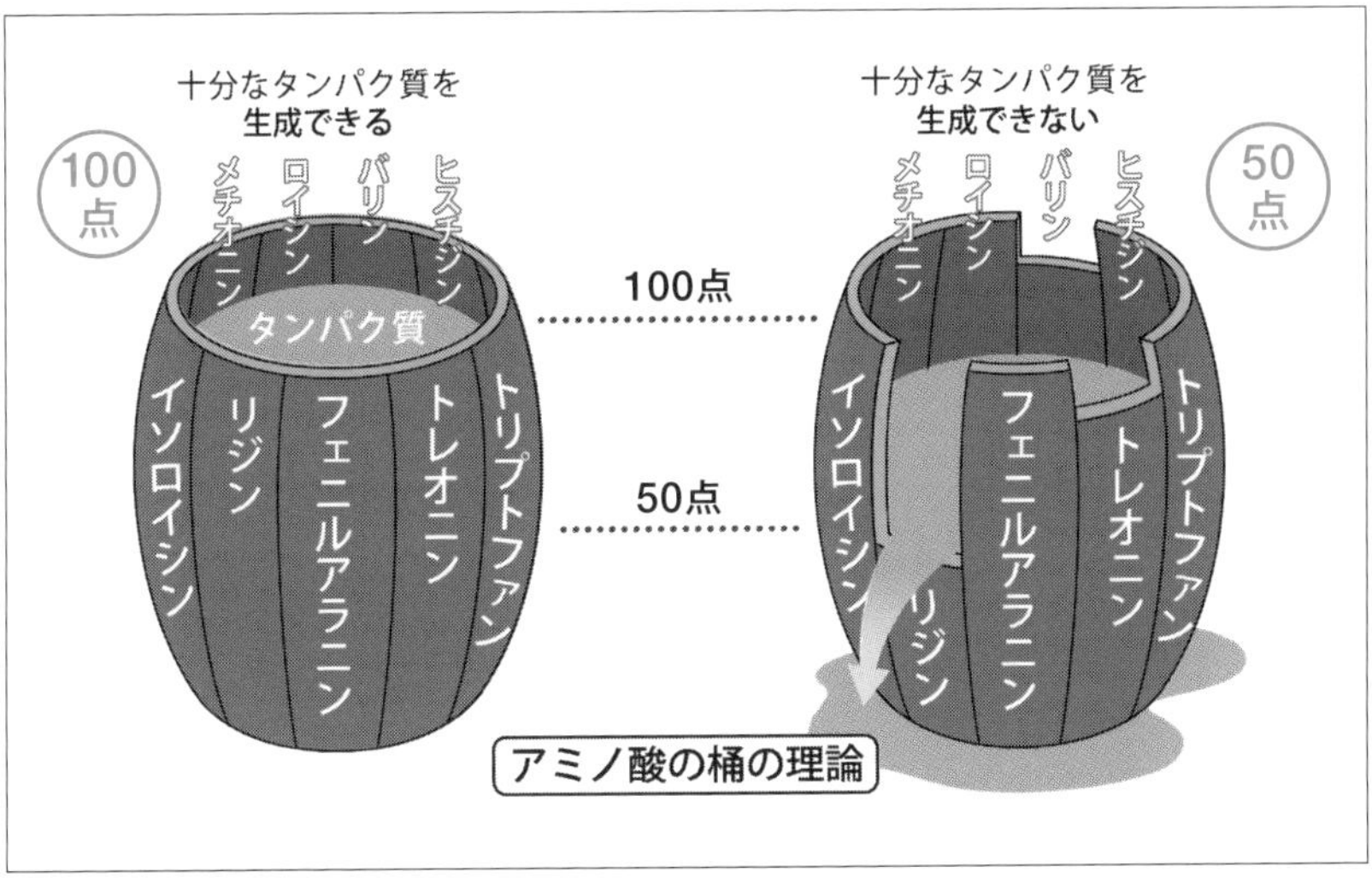


図16　アミノ酸の桶理論図

そして、その「１００点」※は、身体にとってそのアミノ酸が必要とされる量を示しています。「点」を「％」に置き換えると分かりやすいかもしれません。必須アミノ酸は、身体にとってのそれぞれの必要量が異なります。１００点分のロイシンと１００点分のリジンは同量ではありません。また、８つの必須アミノ酸が「１００点」で、一つだけが「１２０点」なら、アミノ酸スコアは「１００」になります。「アミノ酸スコア１００」のタンパク質でも、もしかしたら「１００点」以上の必須アミノ酸を含んでいるものがあるかもしれません。

※「各アミノ酸の含有量としてどれくらいが100点なのか」についての指標は、国際機関のFAO／WHO等によって「アミノ酸評定パターン」として定義されている

| | |
|---|---|
| 大豆：100 | 鶏肉：100 |
| 卵：100 | プロセスチーズ：91 |
| 牛乳：100 | 里いも：84 |
| 牛肉：100 | 精白米：65 |
| 豚肉：100 | みかん：50 |

**表4**　代表的な食品のアミノ酸スコア（参考文献61）

このスコアが高ければ高いほど、たくさんのアミノ酸が体内に吸収されて効率よく利用されると思われがちです。しかし、実はアミノ酸スコアとタンパク質自体の利用率に因果関係はありません。あくまでも、そのタンパク質に含まれる必須アミノ酸のバランスを表しているに過ぎないのです。バランスよく必須アミノ酸が入っているということは、吸収されたあと、筋肉などの材料になる際に重要な条件になります。ですから、「アミノ酸スコアを無視していい」わけではありませんが、利用効率については、別の基準で考えなければいけません。

そのときに参考になる基準の一つが「バイオロジカルバリュー（Biological Value）」という指標です。口から取り入れたタンパク質が体内でどれくらい利用されるのか、その利用率を数値化したものです。

牛乳：91

ホエイプロテイン…104
ソイプロテイン…74
卵…100
牛肉…80

※バイオロジカルバリューの算出は、試験方法や研究機関によって数字が微妙に異なるので、一つの目安として考える（参考文献⑫③）

タンパク質の摂取を考える上で「アミノ酸スコア」を注視する人は多いのですが、身体づくりにおいては、バイオロジカルバリューもそれと同等に重要です。利用効率が高ければ、血中アミノ酸濃度もその分だけ高められます。つまり、アナボリックな状態をよりつくりやすいということです。

プロテインも牛肉もアミノ酸スコアは100点ですが、体内利用率では20％ほどの開きがあります。つまり、血中アミノ酸濃度に反映されるアミノ酸の量が2～3割ほど違ってくる可能性があるということです。バイオロジカルバリューが日本で紹介されることはほとんどありませんが、タンパク質の質を推し量る上での重要な指標になります。

## 卵は加熱状況によってタンパク質吸収率が変わる？

関連動画はこちらから

タンパク質の吸収効率を考える際には、もう一つ大事な視点があります。同じ食材でも調理方法によって吸収率が変わることです。例えば卵。これはアミノ酸スコアもバイオロジカルバリューもともに高く、タンパク源としてはパーフェクトと言える食材です。含まれる栄養素の量は卵の大きさなどでもちろん変わってきますが、Lサイズ1個でタンパク質を7・38g（日本食品基準成分表2020年版）ほど摂ることができます。そして、特筆すべきはコストが安いこと。安価でタンパク質を摂取できる、コストパフォーマンスに優れた食材と言えます。

日本でも多くの量が消費されている卵ですが、調理法としては、生のまま食べたほうがいいのでしょうか、それとも加熱したほうがいいのでしょうか。1990年代にベルギーで行われた研究（参考文献124）によると、卵に含まれるタンパク質の消化吸収効率は生卵で51〜60％、加熱調理したあとだと91〜94％でした。加熱したほうが吸収されやすいという結果が導き出されています。

さらにもう一つポイントになるのは、加熱すべきなのは、黄身と白身を接触させる前かあとかという点です。つまり、ゆで卵や目玉焼きのように混ぜないほうがいいのでしょうか、それともスクランブルエッグのように混ぜたほうがいいのでしょうか。その結論としては、タンパク質の消化・吸収効率に関しては、混ぜる前に加熱したほうがいいようです（参考文献⑫⑤）。ただし、加熱しすぎるとタンパク質が変性し、消化に時間がかかってしまいます。吸収面では、温泉卵や半熟卵などのように、少し加熱する程度の調理法がベストと言えます。

SECTION 02

# テストステロンブースターは必要？

## 「テストステロンブースター」とはそもそも何なのか？

関連動画はこちらから

世間一般で「男性ホルモン」と呼ばれるものの大半を占めているのが「テストステロン」です。このテストステロンが筋肥大にとって重要な役割を担うことは、多くのトレーニング愛好家の間で知られています。

テストステロンブースターとは、このテストステロンのレベルを上げるために複数の成分を配合したサプリメント、もしくは単一の栄養素のことを指します。「テストステロンブースター」という名前の栄養素があるわけではありません。

ビタミンB6、亜鉛、イチョウ葉エキス、トンカットアリ、フェヌグリーク種子からの抽出物などが具体的な成分として含まれているものが数多くあります。テストステロンブースターはメーカーや商品によってバリエーションが幅広く、トレーニング強度とテストステロン値がある程度相関する（参考文献126）と仮定すれば、筋出力を高めることで扱える負荷量を増やす働きがあるクレアチンも、捉え方によってはテストステロンブースターと言えます。

そのため、「テストステロンブースターの成分と言えばこれ！」と一概には言いきれない、とても抽象的なサプリメントです。

中には、副作用があるもの、ドーピングチェックに引っかかる成分が含まれている可能性があるものも存在します。反対に、テストステロンブースターはその全てが危険な商品なのかと言えば、そういうわけではありません。商品を購入する際は「何となく筋肉がつきそうだから」と安易に選ぶのではなく、成分表をよく見る必要があります。

## 最大のテストステロンブースターは脂質だった!?

関連動画はこちらから

テストステロンブースターには様々な種類のものがありますが、だからこそ、いざその必要性を感じた際に、何をどのような基準で選べばいいのかが分かりにくいという側面があります。多くの方は、かっこいいキャッチフレーズのついているマニアックな名前のサプリメントに目が行きがちだと思いますが、優先順位が高い栄養素は基礎的なところにあります。

テストステロンブースターとして、絶対に欠かせないものは「脂質」です。積極的な摂取がためらわれがちな脂質ですが、これこそがテストステロンにとって最も大切と言っていいくらいの重要な栄養素なのです。

- 一日の総摂取カロリーのおよそ20％以上を脂質で摂る
- その総摂取カロリーの2％以上をオメガ3で摂る
- オメガ6の割合を10％以下に抑える
- 9～14％ほどの体脂肪率を保つ

結論から言うと、これがテストステロン値を最大化させる脂質摂取と体組成の条件だと考えられます。その理由を次に紐解いていきます。

テストステロンの合成のスイッチを押す栄養素や、テストステロンをつくるために必要な酵素などは数多く存在しますが、そもそもの材料がないと、テストステロンはつくられません。そのテストステロンの本質的な材料はコレステロールです（参考文献㉗）。言うまでもなく、コレステロールは脂質からつくられます。年間を通して脂質の摂取を制限しているような方が、筋力や筋量の停滞、モチベーションの低下などを感じられているケースでは、食事内容を見直してみるといいかもしれません。

では、実際にどれほどの脂質を摂ればいいのでしょうか。米国国民健康栄養調査（National Health and Nutrition Examination Survey）という、アメリカ人3100人を対象とした調査があります（参考文献⑱）。その3100人の中にはいわゆる脂質制

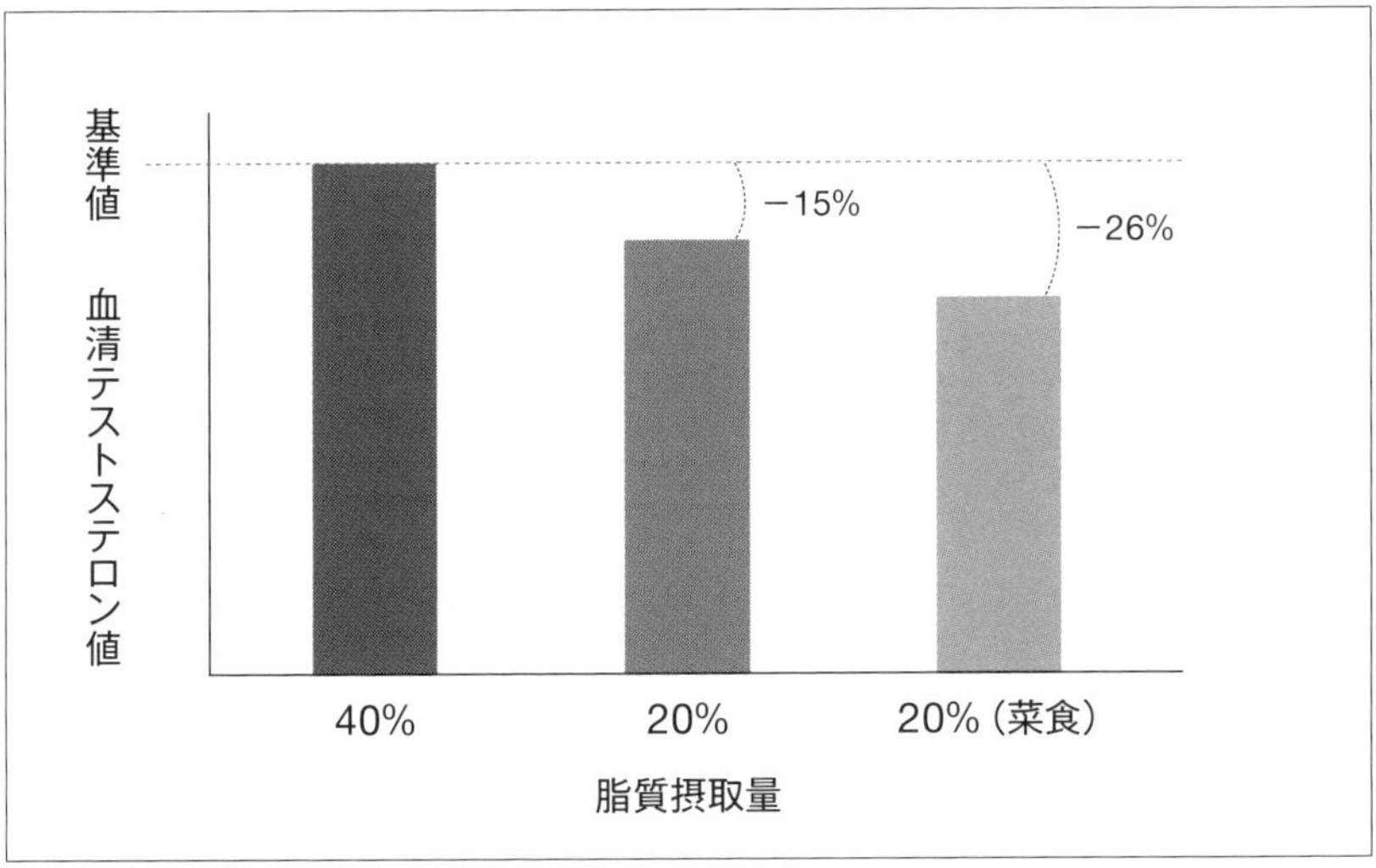


図17　脂質量によるテストストロン値の変化（参考文献⑫⑨）

限を行っている方が14％存在し、その方々のテストステロン平均値は全体的な平均値よりも約5％低いという結果が出ています。

また、ウスター大学で実施された、200人を対象とした6つの研究のメタ分析（参考文献⑫⑨）によると、総摂取カロリーの40％を脂質で摂ったグループと20％を摂ったグループを比較した場合、20％のグループのほうがテストステロンレベルが約10％から15％ほど低いとの結果が出ました。さらには菜食主義で動物性の脂質を摂取する機会がほとんどない方は、一般的な平均値と比較すると、テストステロン値が26％ほど低いとのデータも出ています。

反対に、低脂質の食事にしたほうがテストステロン値が上がるとする研究結果もあるにはあります。ただし、こうした研究で共通するのは、体脂肪率30％以上（ＢＭＩ値25～30以上）の方が対象であることです（参考文献⑬⓪）。つまり、短期的な食事の内容もさることながら、身体に蓄えられている脂質の総量のほうがテストステロン値に与える影響が大きいという仮説が立てられます。

当然のことではありますが、コレステロールを摂れば摂るほどいいのかと言えば、そうではありません。体脂肪の大幅な蓄積は糖尿病やほかの病気につながります。

逆に、身体に蓄えられている脂質が少なすぎても、材料不足となってテストステロンはつくられません。では、テストステロン値がピークになる体脂肪率とはどれくらいなのでしょうか。

柔道選手を対象に、テストステロン値と体脂肪率の相関を調べた研究結果（参考文献⑬①）が２０１７年に発表されています。この研究は普段からハードなトレーニングをしている方々が被験者ということになります。

これによると、体脂肪率が11％から低下するにしたがって、テストステロン値も下がる傾向にありました。11％時と5％時を比較すると、テストステロン値は約50％まで低下してしまうと報告されています。被験者数がそれほど多くはない実験ですが、体脂肪率が低すぎるのもテストステロンにはマイナスの要因になることがうかがえます（同様の結果はほかの研究でも得られています＝参考文献⑬②）。

別の研究では、体脂肪11～30％の範囲で比較した場合、平均的なテストステロン値（500ng／dl）に比べ、11％時ではその約1・2倍（620ng／dl）に上昇し、28％時では0・88倍（440ng／dl）に低下するという結果が出ています（参考文献⑬³³）。そこから換算すると、体脂肪率11％に近い状態であればあるほど、テストステロン値が高い傾向にあり、およそ9～14％あたりがテストステロン値が高まりやすい範囲であることが考えられます。

さらに、そうした体脂肪率はインスリン感受性が高まりやすい範囲とリンクします。体脂肪率9～14％ほどの状態は、体内に取り入れた栄養が筋肉に運ばれやすい域でもあるのです。

次に考えるべきは脂質の種類です。2017年3月に、若い男性のテストステロンレベル、テストステロンをつくる精巣の容積、脂肪酸の摂取量を比較してその相関関係を調べた研究結果（参考文献⑫⁹）が発表されています。

次ページの「脂質の摂取による精巣の容量の変化」（図18）を見てください。「a」はオメガ3、「b」はオメガ6、「c」はトランス脂肪酸を摂取しており、縦軸は精巣の容量を示しています。「a」では総摂取カロリーに対してオメガ3が1・8％を超えたところで精巣の容積が急に上がり、摂取量をさらに増やすと、容積がより増えていくのではないかということが推測されます。「b」ではオメガ6が総摂取カロリー

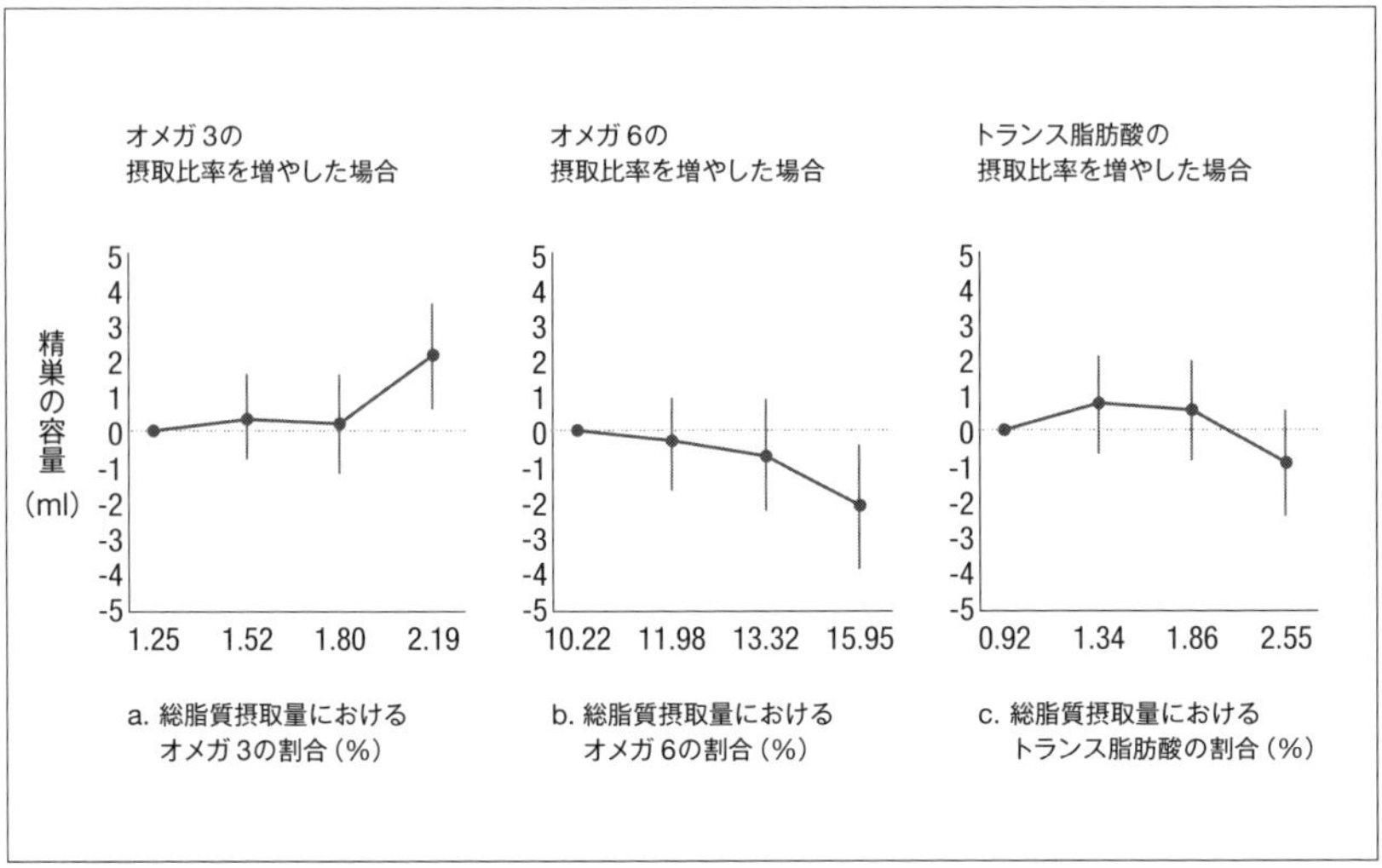


図18　脂質の摂取による精巣の容量の変化(参考文献⑫⑨)

の13%を超えたあたりで精巣の容積が一気に小さくなり、「c」のトランス脂肪酸でも同じような帰結をたどります。

精巣容積は、テストステロンとの関係を示す一つの指標でしかありませんが、脂質を摂ったほうがいいとする中で、「どの脂肪酸をどれくらい摂るか」が重要だと言うことが分かります。脂っこいものをとにかく食べればいいというわけではありませんし、そうしたジャンクな食事で体脂肪9〜14%の状態を保つのは非常に困難です。

## 「亜鉛」こそが40代以降の最強のテストステロンブースター

関連動画はこちらから

現代人に最も不足しがちな栄養素の一つに亜鉛があります。男性にとっては精子の生成にも関わる重要なミネラルです。WHOによると、1970年代は男性の精液1ccに含まれる精子の数が1億個ほどあったのに対し、2011年は半分以下の4千700万個まで減少したとのこと（参考文献⑬④）。これは食事から摂取する亜鉛の量が不足しているからではないかと言われます。

数ある栄養素の中で、特にテストステロンの分泌に寄与すると言われる栄養素が、実は亜鉛です（参考文献⑬⑤）。亜鉛は体内に常に2~3gは存在し、微量ミネラルの中では2番目に貯蔵量が多い必須ミネラルです。しかし、その量は20代をピークに、年齢とともに減少していきます。年齢を重ねるにつれて、積極的に摂取したい栄養素です。

では、亜鉛とテストステロン値には相関関係があるのでしょうか。この点については、いくつもの議論がなされています。

この亜鉛とテストステロンの関係を紐解く研究の一つ（参考文献⑬⑥）が、1996年に発表されています。20代から80代の40人を対象に、「亜鉛を摂取するグループ」と「摂取しないグループ」に分け、体内の亜鉛の貯蔵量とテストステロン値に相関関係があるかどうかを調べました。これによると、亜鉛の貯蔵量が多い人はテストステロンの値が高く、貯蔵量が少ない人はその値が低いという統計が導き出されています。

ここで注意したいのが、亜鉛を単体で摂取するとテストステロンが増えるかと言えば、必ずしもそうではないことです。単一のミネラルは、複数のミネラルとともに働くことで活性化します。わかりやすく言うと、一人でいるよりも仲間といることで大活躍できるのです（参考文献⑬⑦）。亜鉛だけを摂っていても、鉄や銅などのほかのミネラルが不足すると、亜鉛の活性レベルも比例して下がってしまいます。亜鉛を摂取しているのに効果をいまいち実感できない方は、ほかのミネラルが不足していることを疑ったほうがいいかもしれません。

摂取量としては、一般男性で一日11mg、一般女性で一日8mg、ハードにトレーニングしている人であれば、それぞれその1・5～2倍が目安になります（参考文献⑬⑧）。牡蠣、豚レバー、牛レバー、牛モモ、うなぎ、ホタテなどに多く含まれていますが、食事だけで一日に11mgを摂るのは至難の業です。また、食品添加物を摂取すると、亜鉛の吸収効率が下がってしまいます。ですから、サプリメントでおぎなうのが現実的です。

## 誰にでも効果が期待できるものなのか？

高齢化が社会問題として取り上げられるようになって以降、よく目にするようになった言葉の一つに「サルコペニア」があります。語源はギリシャ語で、「サルコ」は筋肉、「ペニア」は喪失。加齢とともに筋肉が減少していく症状のことです。

人は基本的には加齢とともに筋肉が減少していく傾向にあります。その大きな要因の一つとして、テストステロンの分泌量の低下が関わっていると言われます。

テストステロンの年齢別の分泌量に関しては、多くの研究機関や大学が発表しています。ここではメイヨー医科大学（MAYO CLINIC LABORATORIES）が発表したデータ（参考文献⑬⑨）をもとに話を進めます。

テストステロンの数値は20歳から25歳でピークとなり、その後は10年間で約8％ずつ減少していきます（P208 表5）。しかし、十分な分泌量がある20代や30代の方が積極的に摂るべきかと聞かれたら、必ずしもそうとは言いきれません。その分の予算をプロテインパウダーやアミノ酸などに割いたほうがいい場合があります。

むしろ、20代の頃と同じトレーニング内容やボリュームを維持しているにもかかわらず、年齢を重ねてから疲れが抜けにくくなったり、筋肉痛が治まりにくくなったりするといった悩みを抱える、50代や60代以降の方々のほうが、テストステロンブースターの恩恵を受けやすいと言えます。

表5　テストステロンの年齢別分泌量

| | 男性 | 女性 |
|---|---|---|
| 20～25歳 | 5.25－20.7ng/dℓ | 0.06－1.08ng/dℓ |
| 25～30歳 | 5.05－19.8ng/dℓ | 0.06－1.06ng/dℓ |
| 30～35歳 | 4.85－19.0ng/dℓ | 0.06－1.03ng/dℓ |
| 35～40歳 | 4.65－18.1ng/dℓ | 0.06－1.00ng/dℓ |
| 40～45歳 | 4.46－17.1ng/dℓ | 0.06－0.98ng/dℓ |
| 45～50歳 | 4.26－16.4ng/dℓ | 0.06－0.95ng/dℓ |
| 50～55歳 | 4.06－15.6ng/dℓ | 0.06－0.92ng/dℓ |
| 55～60歳 | 3.87－14.7ng/dℓ | 0.06－0.90ng/dℓ |
| 60～65歳 | 3.67－13.9ng/dℓ | 0.06－0.87ng/dℓ |
| 65～70歳 | 3.47－13.0ng/dℓ | 0.06－0.84ng/dℓ |
| 70～75歳 | 3.28－12.2ng/dℓ | 0.06－0.82ng/dℓ |
| 75～80歳 | 3.08－11.3ng/dℓ | 0.06－0.79ng/dℓ |
| 80～85歳 | 2.88－10.5ng/dℓ | 0.06－0.76ng/dℓ |
| 85～90歳 | 2.69－9.61ng/dℓ | 0.06－0.73ng/dℓ |
| 90～95歳 | 2.49－8.76ng/dℓ | 0.06－0.71ng/dℓ |
| 95～100歳以上 | 2.29－7.91ng/dℓ | 0.06－0.68ng/dℓ |

SECTION 03

# 筋肥大の敵!? ミオスタチンを理解しよう

## 筋肥大のブレーキとなる「ミオスタチン」とは何なのか？

関連動画はこちらから

筋肉をつけたいならば、タンパク質は絶対に摂らなければいけない栄養素です。しかしながら、全てのタンパク質が筋肉の味方になるのかと言うと、そうではありません。中には、バルクアップを邪魔してしまうタンパク質もあるのです。

栄養学の側面から筋肥大を考える場合、アミノ酸の血中濃度、インスリンの分泌、トレーニング中のエネルギー源の確保、筋タンパクを合成する回路（mTOR回路）の活性化など、筋肥大に対してポジティブな面からアプローチしがちです。

しかし、別角度からの攻め、例えば、筋肥大を邪魔する要因を減らすのも有効な手段になります。そして、トレーニングの習熟度が上がるにつれて立ちはだかる、筋肥大への壁と言える存在が「ミオスタチン」です。

筋線維の周りには、「筋サテライト細胞」という筋肉のスペアのような細胞があります。筋線維が損傷したり、切れてしまったりしたときは、この筋サテライト細胞が

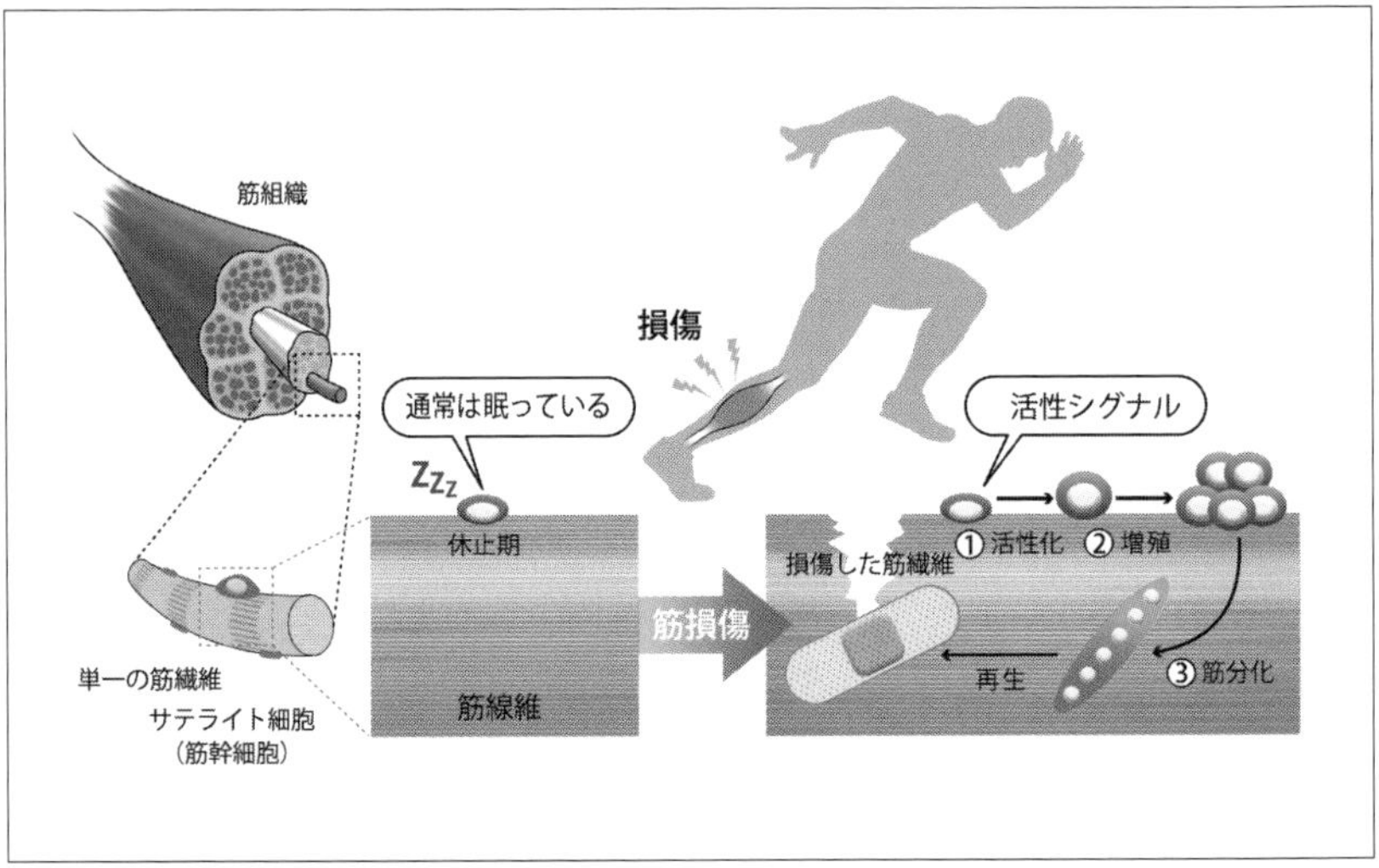


図19　筋サテライト細胞のメカニズム（イメージ図）

分裂・増殖することで新しい筋線維がつくられます（**図19** 参考文献⑭）。トレーニングによって破損した筋肉は、筋サテライト細胞の分裂・増殖によって回復し、そして肥大するのですが、その筋サテライト細胞の増殖にブレーキをかけるのが、筋線維から分泌されるタンパク質の一種である「ミオスタチン」です。なぜ、トレーニーの敵と言える、このようなタンパク質が存在するのでしょうか。人間の身体は、限られたエネルギーでも生命を絶やさないように、過度な消費を抑え、ある程度安定したレベルでエネルギーの消費と供給を繰り返しています。しかし、筋肉があまりにも大きくなると、身体の消費エネルギーはそれだけで増えます。

スポーツカーを想像してください。どんなに速く走りたくても、ジェット機のエンジンを載せたら、フレームがエンジンの重さに耐えきれず、本体がつぶれてしまいます。ここにミオスタチンの存在意義があるというのが、一つの説です。

また、細胞の増殖を制御するものが何もないと、身体の中に入っている不要な細胞、例えばガン細胞などが増えてしまいます。細胞の増加をある程度制御し、身体に対して負荷をかけないようにするという部分でも、ミオスタチンは機能しているのです（参考文献⑭、⑭）。

5、6歳くらいなのにムキムキの身体をしている子どもの写真が、テレビ番組やSNSなどで取り上げられることがあります。まだウエイトトレーニングをしていないような子どもに見られるこの症状は、ミオスタチン関連筋肥大症ではないかと語られています（参考文献⑭）。これは遺伝的な原因をはじめとする何らかの理由でミオスタチンが働かなくなってしまう病気です。その症例として正式に発表されているのは世界でも100人ほどで、極めて稀な病気と言えます。しかし、トレーニングを行い、適切な栄養素を摂取した上で筋肥大を求めるなら、ミオスタチンにはできるだけおとなしくしておいてもらいたいものです。

## ミオスタチンの働きを抑制するにはまずは運動か？

では、どうすればミオスタチンをコントロールできるのでしょうか。ミオスタチンに関しては解明されていない部分がまだまだ多いのですが、可能性がある方法論の一つとして、「運動して筋肉に刺激を与えること」が挙げられます。これは多くの研究（参考文献⑭）で明確になっている部分です。特にハードなトレーニングを週に複数回行っている人のミオスタチン活性は、一般の人の3分の2程度と報告され、筋肥大にブレーキをかけるミオスタチンの量は、ウエイトトレーニングによって減らすことが期待できます。これはかなり信憑性の高いエビデンスとして明確になっています。筋肉をつけるにせよ、ミオスタチンを抑制するにせよ、当り前ですがトレーニングをすることが必要最低限の条件になります。

## 栄養摂取での抵抗は可能なのか？

トレーニングするだけでは何となく不安という方がいらっしゃるでしょう。栄養摂取の面でも、何かしらの対策を打ちたいところです。ミオスタチンの抑制にプラスに働くと考えられる栄養素としては、カテキン、クレアチン、HMBなどが挙げられます。

（参考文献⑭⑮、⑭⑯、⑭⑰、⑭⑱）これらがミオスタチンの分泌、もしくは活動を低下させると報告されています。

特に緑茶ポリフェノールの一種であるカテキンには、ミオスタチンを不活性化する「フォリスタチン」というタンパク質を増やす働きがあります。フォリスタチンは体内でも生成されますが、外部から摂取するいくつかの栄養素によって、その活性が上がることが分かっています。

また、クレアチンを摂ることでミオスタチンの分泌を抑えられるという報告も発表されています。近年は、HMBでも同じような作用があると言われるようになってきました。いずれにせよ、これらのサプリメントは筋肥大を求める上では優先順位の上位に持ってきてよさそうです。

## 薬理作用とpHバランス

では、薬の投与によってミオスタチンを何とか抑制することはできないものでしょうか。有名なものとしては、ヨーロッパのフェイズ社が開発したヒト型ミオスタチン阻害剤、「MIO-029」があります。これは筋ジストロフィー症のような病気を持った方に向けて開発、研究されていたものです。長年にわたって研究開発が行われましたが、複数回の臨床試験で具体的な効果が得られなかったため、開発が中止されました。安全性と有効性を伴った上で、ミオスタチンを抑制できる薬については、いまも日夜研究されている領域にあります。

また、「ほうれん草やスイカなどのアルカリ性食材を積極的に摂ってミオスタチンを減らそう」との論調をメディアなどでよく目にします。そうした記事や謳い文句は「身体が酸性に傾くと、ミオスタチンの活動が強くなってしまう」とするデータに端を発しています。

通常、人間のpH値は7・4前後の弱アルカリ性に保たれています。これが仕事、生活習慣、体内の生理機能の状況などの何らかの影響によって酸性に傾くことで、ミオスタチンの濃度が上昇すると言われています。しかし、それが仮に事実だとしても、食事の摂取によって筋肉内のpHバランスが著しく変わることはありません。ミオスタチン抑制を狙って、アルカリ性食材をたくさん食べても、その効果は懐疑的です。

BONUS TRACK
特別インタビュー
by Kento

# 「絞れていなかったら、食事の量をシビアに削っていきます」

寺島 遼選手

鍛え上げられた肉体のトータルな美しさを競う「メンズフィジーク」。毎回、パーフェクトな絞りでステージに立ち続け、世界王者にも輝いた寺島遼選手の減量の極意とは?

寺島 遼（てらしま・りょう）
1992年10月9日生まれ、東京都府中市出身。日本が誇るメンズフィジークのトップ選手。2018年と2019年のオールジャパン、アジア選手権、世界選手権で2連覇。令和元年度スポーツ功労者顕彰を受賞している

## 減量末期の食事内容はむね肉1kgとお米1kg

――以前、僕のチャンネルに出演してもらったときにも聞いたのですが、減量期の食事については、お米と牛肉だけで絞っていくとのことでした。

**寺島** 事実です。本当にそれしか食べません。

――減量の初期と末期ではお米の量はどれくらい変わりますか?

**寺島** 1kg分ほど違います。

――1kgはかなりの量です。初期はトレーニングのパフォーマンスを落とさないように糖質を多く摂るということですか？

**寺島**　僕はカーボの量を減らせば絶対に絞れていくことが過去の経験から分かっているので、正直、トレーニングの強度はあまり気にしていません。筋量の維持についても気にしていないです。（減量が進めば、筋量は）絶対に落ちるので、そこは割りきっています。

――肉類に関しては、脂質がそこそこ含まれるものを食べると話していました。それは、ある程度は動物性の脂肪を摂ったほうが落としやすいといった体質的な理由からでしょうか？

**寺島**　脂質を摂ると、身体はやはりむくみます。むくむんですけど、脂質がなくなって（肉の味が）おいしくなくなると、僕はもともと少食なので、食が進まなくなるんです。すると、（筋量が）もっと落ちたり、食事にストレスがかかったりします。そうならないようにあえて脂質を入れて、逆にカーボをその分減らしていく感じです。これが減量末期のラスト1、2週間になると、一日の食事内容はむね肉1kgとお米1kgになります。

――それで絞れるのが信じられません（笑）。理論の先を行っている感じがします。

**寺島**　僕には理論は通用しないかもしれません（笑）。

――基礎代謝はもともと高いほうですか？

**寺島**　別に太りやすいタイプでも痩せやすいタイプでもなかったんですけど、痩せやすいタイプになりました。代謝は高いほうかもしれません。

## 落とさなければいけないところでちゃんと落とせるかどうかです

――増量期に意識的に摂るサプリメントはありますか？

**寺島**　増量中はマルトデキストリンを使っています。あとはプロテイン、BCAA、EAAくらいです。減量期はカルニチンを摂ったり摂らなかったりします。マルチビタミンの摂取量は多いですね。（ラベルに書かれた推奨量の）4倍か5倍ほど摂っています（笑）。マルチビタミンは年間を通してずっと摂っています。

――ファットバーナーは摂らないのですか？

**寺島**　（複数の栄養素が）複合的に含まれているものを稀に摂るくらいです。内臓が少し疲れてしまうようなときがあるので、内臓に負担をかけるくらいなら摂らないようにしています。

――減量中にコンディションをつくる上で一番大事にしていることは何ですか？

**寺島**　ストレスをかけないとか、そういう方向の話になりますね。それ以外の要素で何か一つとなれば、食事かもしれません。食事を徹底的に守ること。たまにアイスとかを食べちゃったりするんですけど、減量末期でも（笑）。

――そういうこともあるんですね。

**寺島**　でも、たまにそういうことがあるからいいのかなって思います。サジ加減がうまいのか、ただ単に食事量が足りていないから絞りきれちゃうのか、そこは分からないですけどね。でも、食事量を減らさなかったらこれ以上は落ちないというラインがあります。（大事なのは）その落とさなければいけないところでちゃんと落とせるかどうかです。

――その通りだと思います。

**寺島**　トレーニングを優先する人は、重量が落ちるとか筋量が落ちるとか（を気にして）、気持ち的に食事を削れなくて絞れないんです。でも、僕はトレーニングのパフォーマンスを落としたくないという概念がないので、絞れていなかったら、基本的に食事の量をシビアに削るのが普通です。目標体重に向けてシビアにガンガン絞っていく感じでやっています。

――コロナ禍の2020年のように、大会が開催されずに結果としてオフシーズンが長くなったあとの減量については、どう考えますか？

**寺島**　末期はお米600gとか、多くて800gくらいにするかもしれません。これは僕の持論で科学的な根拠がある話ではないんですが、（増量期に）体重を増やせば増やすほど、減量末期の食事量が少なくなるんです。

――増やしただけ、減量幅が大きくなります。その分、食事量を減らして対応するということですね。

**寺島** 筋量は確実に増えています。ですから、そうしないことには消費カロリーと食事量がまったく合わなくなってしまいます。いや、(これまでの食事量が多かったので)逆に合ってくるのかな?

――寺島選手は「これくらい食べれば、身体はこうなる」という予測を感覚で立てられるのですね。

**寺島** そこは経験が一番なのかなと思います。

未公開部分を含む
特別編集版動画を公開中!

⑥1 食品たんぱく質の栄養価としての「アミノ酸スコア」
本食品分析センター
No.46 Dec . 2005

⑫3 Protein – Which is Best?
Jay R. Hoffman* and Michael J. Falvo*
Received 2004 May 26; Accepted 2004 Jun 28.
Copyright © Journal of Sports Science and Medicine
2004 Sep; 3(3): 118–130. Published online 2004 Sep 1.
PMCID: PMC3905294 PMID: 24482589

⑫4 Digestibility of cooked and raw egg protein in humans as assessed by stable isotope techniques
P Evenepoel 1 , B Geypens, A Luypaerts, M Hiele, Y Ghoos, P Rutgeerts
PMID: 9772141 DOI: 10.1093/jn/128.10.1716

⑫5 生物物理
日本生物物理学会
2009年10月 vol.49 No.5

⑫6 Testosterone physiology in resistance exercise and training: the up-stream regulatory elements
Jakob L Vingren 1 , William J Kraemer, Nicholas A Ratamess, Jeffrey M Anderson, Jeff S Volek, Carl M Maresh
PMID: 21058750 DOI: 10.2165/11536910-000000000-00000

⑫7 Higher testosterone levels are associated with increased high-density lipoprotein cholesterol in men with cardiovascular disease: results from the Massachusetts Male Aging Study
Stephanie T. Page,1 Beth A. Mohr,2 Carol L. Link,2 Amy B. O'Donnell,2 William J. Bremner,1 and John B. McKinlay2
Asian J Androl. Author manuscript; available in PMC 2009 Apr 8.
Published in final edited form as:Asian J Androl. 2008 Mar; 10(2): 193–200.
Published online 2007 Dec 20. doi: 10.1111/j.1745-7262.2008.00332.x

⑫8 The Association between Popular Diets and Serum Testosterone among Men in the United States
Richard J Fantus 1 2 , Joshua A Halpern 3 , Cecilia Chang 2 , Mary Kate Keeter 3 , Nelson E Bennett 3 , Brian Helfand 2 , Robert E Brannigan 3
PMID: 31393814 DOI: 10.1097/JU.0000000000000482

⑫9 Low-fat diets and testosterone in men: Systematic review and meta-analysis of intervention studies
Joseph Whittaker 1 , Kexin Wu 2
PMID: 33741447 DOI: 10.1016/j.jsbmb.2021.105878
2021 Jun;210:105878. doi: 10.1016/j.jsbmb.2021.105878. Epub 2021 Mar 16.

⑬0 Long-Term Effects of a Randomised Controlled Trial Comparing High Protein or High Carbohydrate Weight Loss Diets on Testosterone, SHBG, Erectile and Urinary Function in Overweight and Obese Men
Lisa J Moran 1 , Grant D Brinkworth 2 , Sean Martin 3 , Thomas P Wycherley 4 , Bronwyn Stuckey 5 , Janna Lutze 2 , Peter M Clifton 4 , Gary A Wittert 3 , Manny Noakes 2
PMID: 27584019 PMCID: PMC5008754 DOI: 10.1371/journal.pone.0161297
PLoS One. 2016 Sep 1;11(9):e0161297.doi: 10.1371/journal.pone.0161297. eCollection 2016.

⑬1 Effects of rapid reduction of body mass on performance indices and proneness to injury in jūdōka. A critical appraisal from a historical, gender-comparative and coaching perspective.
Project: Successful high-performance coaching of judo elite athletes
Carl De Crée：Ghent University
September 2017

⑬² Physiological implications of preparing for a natural male bodybuilding competition
Lachlan Mitchell 1 , Gary Slater 2 , Daniel Hackett 1 , Nathan Johnson 1 , Helen O'connor 1
PMID: 29490578 DOI: 10.1080/17461391.2018.1444095
2018 Jun;18(5):619-629. doi: 10.1080/17461391.2018.1444095. Epub 2018 Mar 1.

⑬³ Differential impact of age, sex steroid hormones, and obesity on basal versus pulsatile growth hormone secretion in men as assessed in an ultrasensitive chemiluminescence assay
J D Veldhuis 1 , A Y Liem, S South, A Weltman, J Weltman, D A Clemmons, R Abbott, T Mulligan, M L Johnson, S Pincus, et al.
PMID: 7593428 DOI: 10.1210/jcem.80.11.7593428
1995 Nov;80(11):3209-22. doi: 10.1210/jcem.80.11.7593428.

⑬⁴ WHO laboratory manual for the Examination and processing of human semen FIFTH EDITION
World Health Organization 2010

⑬⁵ Zinc
The Office of Dietary Supplements
March 22, 2021

⑬⁶ Zinc status and serum testosterone levels of healthy adults
A S Prasad 1 , C S Mantzoros, F W Beck, J W Hess, G J Brewer
PMID: 8875519 DOI: 10.1016/s0899-9007(96)80058-x
1996 May;12(5):344-8. doi: 10.1016/s0899-9007(96)80058-x.

⑬⁷ Mineral interactions relevant to nutrient requirements
B L O'Dell
PMID: 2693644 DOI: 10.1093/jn/119.suppl_12.1832
1989 Dec;119(12 Suppl):1832-8. doi: 10.1093/jn/119.suppl_12.1832.

⑬⁸ Lower Serum Zinc Concentration Despite Higher Dietary Zinc Intake in Athletes: A Systematic Review and Meta-analysis
Anna Chu 1 , Cushla Holdaway 1 , Trishala Varma 1 , Peter Petocz 2 , Samir Samman 3 4
PMID: 29164533 DOI: 10.1007/s40279-017-0818-8
2018 Feb;48(2):327-336. doi: 10.1007/s40279-017-0818-8.

⑬⁹ Testosterone, Total and Free, Serum
Mayo Clinic Laboratories
Manni A, Pardridge WM, Cefalu W, et al: Bioavailability of albumin-bound testosterone. J Clin Endocrinol Metab. 1985 Oct;61(4):705-10

⑭⁰ Muscle satellite cells
Jennifer E Morgan 1 , Terence A Partridge
PMID: 12757751 DOI: 10.1016/s1357-2725(03)00042-6
2003 Aug;35(8):1151-6. doi: 10.1016/s1357-2725(03)00042-6.

⑭¹ Myostatin negatively regulates satellite cell activation and self-renewal
Seumas McCroskery,1,2 Mark Thomas,1 Linda Maxwell,2 Mridula Sharma,1 and Ravi Kambadur1
Received 2002 Jul 10; Accepted 2003 Jul 25.
Copyright © 2003, The Rockefeller University Press
2003 Sep 15; 162(6): 1135–1147. doi: 10.1083/jcb.200207056
PMCID: PMC2172861 PMID: 12963705

⑭² Myostatin inhibition induces muscle fibre hypertrophy prior to satellite cell activation
Qian Wang 1 , Alexandra C McPherron
PMID: 22393251 PMCID: PMC3447157 DOI: 10.1113/jphysiol.2011.226001
2012 May 1;590(9):2151-65. doi: 10.1113/jphysiol.2011.226001. Epub 2012 Mar 5.

⑭ Lack of myostatin results in excessive muscle growth but impaired force generation
Helge Amthor, Raymond Macharia, Roberto Navarrete, Markus Schuelke, Susan C. Brown, Anthony Otto, Thomas Voit, Francesco Muntoni, Gerta Vrbóva, Terence Partridge, Peter Zammit, Lutz Bunger, and Ketan Patel
Edited by George D. Yancopoulos, Regeneron Pharmaceuticals, Inc., Tarrytown, NY, and approved December 5, 2006 (received for review June 12, 2006)

⑭ Myostatin inhibition: a potential performance enhancement strategy?
M. N. Fedoruk, J. L. Rupert
03 February 2008

⑮ The Green Tea Polyphenol Epigallocatechin-3-Gallate (EGCg) Attenuates Skeletal Muscle Atrophy in a Rat Model of Sarcopenia
B M Meador 1 , K A Mirza, M Tian, M B Skelding, L A Reaves, N K Edens, M J Tisdale, S L Pereira
PMID: 27031020 DOI: 10.14283/jfa.2015.58
2015;4(4):209-15. doi: 10.14283/jfa.2015.58.

⑯ Effects of (−)-epicatechin on molecular modulators of skeletal muscle growth and differentiation
Gabriela Gutierrez-Salmean,3 Theodore P. Ciaraldi,1 ,2 Leonardo Nogueira,1 Jonathan Barboza,1 Pam R. Taub,1 Michael Hogan,1 Robert R. Henry,1 ,2 Eduardo Meaney,3 Francisco Villarreal,1 Guillermo Ceballos,3 and Israel Ramirez-Sanchez1 ,3
PMCID: PMC3857584 NIHMSID: NIHMS533185 PMID: 24314870
Published in final edited form as:J Nutr Biochem. 2014 Jan; 25(1): 10.1016/j.jnutbio.2013.09.007.
Published online 2013 Oct 18. doi: 10.1016/j.jnutbio.2013.09.007

⑰ Effects of oral creatine and resistance training on serum myostatin and GASP-1
A Saremi 1 , R Gharakhanloo, S Sharghi, M R Gharaati, B Larijani, K Omidfar
PMID: 20026378 DOI: 10.1016/j.mce.2009.12.019
2010 Apr 12;317(1-2):25-30. doi: 10.1016/j.mce.2009.12.019. Epub 2009 Dec 22.

⑱ L-leucine, beta-hydroxy-beta-methylbutyric acid (HMB) and creatine monohydrate prevent myostatin-induced Akirin-1/Mighty mRNA down-regulation and myotube atrophy
Christopher Brooks Mobley,1 Carlton D Fox,1 Brian S Ferguson,1 Rajesh H Amin,3 Vincent J Dalbo,4 Shawn Baier,5 John A Rathmacher,5 Jacob M Wilson,2 and Michael D Robertscorresponding author1
Copyright © 2014 Mobley et al.; licensee BioMed Central Ltd.
PMCID: PMC4134516 PMID: 25132809
2014; 11: 38. Published online 2014 Aug 13. doi: 10.1186/1550-2783-11-38

# Special Thanks to Supporters

宮城島 大樹
GOAL-B
菅 大地 @result.gym
GANZAN 岩山拓磨
@ganzan_takuma
中村 俊幸
T.T
MIKI
たね
@fukachan_fitness
華山 直二
Keiko Lee
中村 惇太郎
kitatatsu
はに○
@n.fit1996
mumutan
Yulim
Kohei
さしみごはん@smxgm
三浦 武冴士
天野 正道
仙田電鉄
黒坂 剛
とおるくん@newfreejapan
文月 宵
ayak0.i
渡部 大祐
大場 建
鈴木 康博
渡口 聖仁
みやざと整体院 miyazato.seitai
エンダイ #エントレ
yuta_kobayashi
藤田 秀一
Ryuki Sato@ryuryu.0329
ざんぬ
mugi_vals
サラリーマッチョ ニッシー
レッツゴーなぎら
@kintore_oyaji_kaz99
龍田 英一郎
藤田 将明
沖 良斗
勝 杏里
@BUTTER_Fitness
井上 永吉
CRAZY勇輝
@ikenao_sunshine
平良 史斗
PrivateGymアイギス 山根拓也
竹之熊 哲也
摂食・嚥下障害看護認定看護師 清水義貴
@yamachanBLOG
山田 健太
村上 利宏
デイサービスぬくもり山王 濱谷文生
BIMwork
coffi.diet_advisor
星野 大和
ミライズフィットネス
栗山 和也
鈴木 創史
YASASHIIAME
疋田竜也 /____0725.____
ちゃちゃ @ChaCha_body
無重力のMASATO
Atem personalGYM KOJIMA HIROKI
金山 利樹
網 久晴
こう@筋トレ理学療
宇保 佑亮
吉田昌善 @エバーグリーン 24ジム
吉田 颯

# おわりに

昨今、インターネットやＳＮＳの普及によって様々な情報が玉石混交で出回るようになり、健康に悪影響を及ぼすダイエット方法、明らかに高額すぎるサプリメント、誇大広告などが社会問題化しています。

そうした情報に翻弄されないようにするには、自己防御の力を高める意味でも、科学的根拠をベースとした正しい知識を意識的に身につけていく必要があります。「これだけで筋肉がつく」、「これを飲めば、確実に痩せる」などの謳い文句に嘘はないのか、根拠はどこにあるのかを考えなければいけません。指先一つで膨大な情報を得られる時代だからこそ、真実を見抜く力が要求されます。

また、栄養指導者という立場なら、日々変化する科学的な事実に耳を傾け、情報を常にアップデートしていく必要があります。私は、２０１７年のチャンネル開設以降、ＹｏｕＴｕｂｅ活動、ジム運営、トレーナー活動、講師活動などと並行しながら、栄養学の勉強を一日5時間３６５日やってきました。栄養について勉強するのが単純に好きということもありますが、人を指導する立場である以上、それは当然の責務だと考えています。

おかげさまで、開設以来4年間で１０００本以上の動画を投稿し、２０２１年7

月現在で累計2200万回以上という、「ボディメイク×栄養学」のジャンルでは国内ナンバーワンの再生回数を獲得できました。パーソナルトレーナーや栄養士のみなさんなど、普段から熱心に勉強されている同業の方々から特に厚い支持をいただいていることをとてもありがたく感じます。

そして、YouTubeチャンネル「NEXTFIT Kento【身体を変える栄養学】」をはじめとするSNSやセミナーなどで栄養学の発信をしていく中で、多くの方々からご質問やご相談をいただく機会が増えました。それと同時に、誤った情報に悩まされている方々の存在を認識するようにもなりました。

そうした問題を解決するべく、これまではインターネットを中心に活動を続けてきました。しかし、私が従来やってきた発信の方法では、リーチできる層が限られてしまいます。そのため、いままでやってきたYouTubeやネットを通じた発信とは異なるコンテンツによって、1次情報に裏づけられた正しい知識を一人でも多くの方に身につけてほしいと考えるに至りました。その思いを形にしたのがこの本です。いかがだったでしょうか。この一冊がみなさんの身体づくりのため、健康のため、そして、いまという時代を生きるための一助になれば幸いです。

2021年9月吉日

NEXTFIT Kento

# NEXTFIT Kento

（須藤健人／すどう・けんと）

1993年8月21日生まれ、神奈川県出身。中学卒業後に1年間留学したニュージーランドで、日本とのフィットネス文化の違いを目のあたりにする。帰国後、神奈川県の公立高校から明治大学理工学部に進学。電気系の研究に励むかたわら、長期休みの時期には主にヨーロッパに渡り、バックパッカーとして旅に明け暮れた。海外でいろいろなジムを回る中でその多様性に衝撃を受け、トレーニングを開始。加えて、21歳のときにボディメイクにのめり込み、それを機に独学で栄養学の勉強を始めた。トレーニング歴2週間のときにバーで隣に座った男性に食事の相談をされたことがきっかけとなり、フリーランス（間借り）のトレーナー活動をスタートさせた。大学卒業後、栄養指導に力を入れた自身のパーソナルジム「NEXTFIT」を開業。その指導実績は3,600セッション以上に上る。2017年、科学的根拠に基づく“ボディメイク×栄養学”に特化した、YouTubeチャンネル「NEXTFIT Kento」を開設。そのチャンネル登録者数は約7万6000人で、総再生回数は2,200万回以上を誇る。2019年以降は講演会（ワークショップ）を精力的に開き、9都市27回の開催で累計1,000人以上を動員している。2020年には体型的な栄養学をカジュアルに学べる、月額制のオンラインスクール「Nextfit Nutrition College」を開講。創設から1年未満で累計入学者数が400人を超えた。SNSの総フォロワー数は9万7000人で、栄養指導に関しては現在8カ月待ちの状態が続く。また、「國芸書道院」の師範として書道教室を運営。そのほか、WEBやメディア制作のコンサルティング、イベントのプロモーション、フィットネスコンテンツの受託開発も行う（各実績は2021年8月現在）。

NNC　YouTube　Instagram　Twitter

## ほ



## ま



## み



## む



## め



## り



## れ



## ろ



## AtoZ



## etc

# 索引

# 忖度《そんたく》なしの栄養学《えいようがく》

**科学的根拠《かがくてきこんきょ》に基《もと》づいた**
**「ボディメイク×ニュートリション」の新《しん》バイブル**

2021年9月30日　第1版第1刷発行
2024年3月29日　第1版第6刷発行

著　者　NEXTFIT Kento《ネクストフィット ケント》
発行人　池田哲雄
発行所　株式会社ベースボール・マガジン社
〒103-8482
東京都中央区日本橋浜町2-61-9　TIE浜町ビル
電話　03-5643-3930（販売部）
03-5643-3885（出版部）
振替口座　00180-6-46620
https://www.bbm-japan.com/

印刷・製本　共同印刷株式会社

Printed in Japan
ISBN978-4-583-11414-9　C2075